शब्दों का जीवन

शब्दों के जन्म, उनके आन्तरिक और
बाह्य परिवर्तनों, तथा अन्य सम्बद्ध भाषा-
वैज्ञानिक तथ्यों का मनोरंजक अध्ययन

भोलानाथ तिवारी

राजकमल प्रकाशन

ISBN : 978-81-19159-23-9

मूल्य : ₹395

पहला संस्करण : 1954
दूसरा संस्करण : 2023

प्रकाशक : राजकमल प्रकाशन प्रा. लि.
1-बी, नेताजी सुभाष मार्ग, दरियागंज
नई दिल्ली-110 002
शाखाएँ : अशोक राजपथ, साइंस कॉलेज के सामने, पटना-800 006
पहली मंज़िल, दरबारी बिल्डिंग, महात्मा गांधी मार्ग, प्रयागराज-211 001
वेबसाइट : www.rajkamalprakashan.com
ई-मेल : info@rajkamalprakashan.com

यश प्रिंटोग्राफिक्स
नोएडा–201 301 (उत्तर प्रदेश)
द्वारा मुद्रित

SHABDON KA JEEVAN
by Bhola Nath Tiwari

पुस्तक के विषय में

आगे के पृष्ठों में मनुष्य के जीवन में आनेवाली अवस्थाओं की भाँति शब्दों के जीवन की विभिन्न अवस्थाओं का परिचय दिया गया है।

इस लेखन में मेरा प्रधान उद्देश्य रहा है भाषाविज्ञान के शुष्क सिद्धान्तों और उदाहरणों को मनोरंजक रूप में प्रस्तुत करना। मैं नहीं कह सकता कि अपने इस प्रयास में मुझे कहाँ तक सफलता मिली है।

यह दूसरा संस्करण काफ़ी परिवर्तित-परिवर्द्धित तथा संशोधित है। इसके अन्त में शब्दों के अध्ययन से सम्बद्ध काफ़ी नई सामग्री जोड़ दी गई है।

आशा है, यह पुस्तक सामान्य पाठकों तथा भाषाविज्ञान के विद्यार्थियों के लिए उपयोगी सिद्ध होगी।

—भोलानाथ तिवारी

क्रम

शब्द जनमते हैं

जी हाँ, शब्द जनमते हैं। यह ठीक है कि भारतीय परम्परा में शब्द को ब्रह्म कहा गया है, किन्तु ब्रह्म तो अजन्मा है, जबकि शब्द जनमते हैं, वे जन्मे हैं, ठीक इनसान की तरह। इसीलिए शब्द को ब्रह्म न कहकर इनसान कहना कहीं ज़्यादा सही है। नई घटनाएँ, नए विचार, नई परम्पराएँ, नई वस्तुएँ प्रायः नए शब्दों को जन्म देती हैं। पाकिस्तानियों ने 1965 में भारत में घुसपैठ की और हिन्दी में 'घुसपैठिया' शब्द ने जन्म लिया। विभिन्न प्रलोभनों ने हमारे विधायकों को दल बदलने को मजबूर किया जिसका परिणाम था 'दलबदलू' शब्द का जन्म। छन्दों में पहले पंक्तियाँ बराबर होती थीं, मुक्तक छन्द चला तो पंक्तियाँ छोटी-बड़ी होने लगीं। उन्हें देखकर किसी ने 'केंचुवा छन्द' नाम दिया तो किसी ने 'रबड़ छन्द'। कहना न होगा कि केंचुवा और रबड़ दोनों ही फैल-सिकुड़कर छोटे-बड़े हो जाते हैं। तो इस तरह शब्द जनमते रहे हैं, जनम रहे हैं, और जनमते रहेंगे।

शब्द जनमते या बनते हैं कुछ आधारों पर जैसे ध्वनि, स्वरूप, रंग, व्यक्ति-नाम, स्थान-नाम, कार्य, अन्धविश्वास, संक्षेप, धातु, शब्द (उपसर्ग, प्रत्यय आदि जोड़कर), कहानी, कल्पना, स्वाद, बनाने की प्रक्रिया, मूल्य,

गुण या विशेषता, संख्या, प्रयोग आदि का आधार। यहाँ कुछ आधारों को संक्षेप में सोदाहरण लिया जा रहा है।

ध्वनि

बहुत-से शब्द ध्वनि के आधार पर जनमते हैं। प्राचीन भारतीयों ने कोयल की 'कूक' या 'कोक' सुनी और उस ध्वनि के आधार पर उसे 'कोकिल' नाम दे दिया। 'फटफट' करने के कारण मोटरसाइकिल को बच्चे और बहुत-से देहाती 'फटफटिया' कहते हैं। भड़भड़ाना, खटखटाना, ठकठकाना, धड़धड़ाना, कड़कना, मिमियाना, भूँकना, हिनहिनाना, बिबियाना जैसे क्रियात्मक शब्द ध्वनि के आधार पर ही जनमे हैं। 'लोमड़ी' की आवाज़ 'खै-ख' जैसी सुनाई पड़ती है, इसी आधार पर भोजपुरी में लोमड़ी को 'खैखर' कहते हैं। ऐसे ही 'ती-ती' आवाज़ करने के कारण 'तीतर' को संस्कृत में 'तित्तिर' कहा गया। 'तीतर' शब्द उसी 'तित्तिर' का परिवर्तित रूप है। झरना, निर्झर, पों-पों, भोंपू, कलकल, छलछल, झनझन, झनकार, खनक आदि अन्य भी अनेक शब्द इसी प्रकार जनमे हैं।

एक अन्य रूप में भी ध्वनि के आधार पर नए शब्द जनमते हैं। 'भौंरे' का 'भ्रमर' नाम पुराना है, जो उसके 'भ्रमण' अर्थात् 'घूमने' के कारण पड़ा। 'भ्रमर' में दो 'र' हैं, एक तो 'भ्र' में और दूसरा 'र' में। 'र' ध्वनि को संस्कृत में 'रेफ' कहते हैं। इसी आधार पर संस्कृत में भौंरे के लिए एक नया शब्द चल पड़ा 'द्विरेफ' अर्थात् जिसमें दो (द्वि) र (रेफ) हों। यों इस रूप में ध्वनि के आधार पर शब्दों का जन्म कम ही होता है।

व्यक्ति-नाम

व्यक्तियों के नाम के आधार पर भी शब्द बनते हैं। इनमें कुछ व्यक्तियों के नाम तो स्वयं सामान्य शब्द बन जाते हैं (जैसे 'नारद' अब 'इधर की उधर लगानेवाला' अर्थ का सामान्य शब्द बन चुका है : 'उस आदमी से सावधान रहना, वह तो पूरा नारद है') और कुछ नामों के आधार पर सामान्य शब्द बन जाते हैं। जैसे नादिरशाही, हिटलरशाही, गांधीवाद, भगीरथ-प्रयत्न, रामबाण, रामराज्य, बनारसी (ठग), बलियाटिक (मूर्ख) आदि। भाषा भी अजीब है। बहुत बुरा काम करनेवालों को भी अमर बना देती है—चाहे बुरे अर्थ में ही सही। ठीक ही कहा है, बदनाम अगर होंगे तो क्या नाम न होगा। जयचन्द (देशद्रोही), मन्थरा (कुमंत्रणा से घर फोड़नेवाली), नारद (इधर की उधर लगानेवाला) बदनाम होकर भी भाषा में अमर हैं। ऐसे ही विभीषण देशद्रोही के पर्याय बन चुके हैं, तो सीता-सावित्री पतिव्रता के। युधिष्ठिर और हरिश्चन्द्र हद दर्जे के सच्चे व्यक्ति के प्रतीक हैं तो रावण और कंस अत्याचारी के। भीम (बहुत मोटा-ताज़ा और बलिष्ठ : भारतभीम), रुस्तम (बहुत मोटा-ताज़ा और बलिष्ठ : रुस्तम-ए-हिन्द), एकलव्य (आदर्श शिष्य), कामदेव (अत्यन्त सुन्दर पुरुष), तिलोत्तमा (अनिंद्य सुन्दरी), रति (अनिंद्य सुन्दर), कुबेर (बहुत सम्पत्तिवाला), लक्ष्मी (धन की अधिष्ठात्री देवी), भगीरथ (अपने यत्न से असम्भव को सम्भव कर लेनेवाला), राम (अत्यन्त आदर्श धर्मनिष्ठ तथा न्यायी राजा), लक्ष्मण (आदर्श अनुज), भरत (आदर्श अनुज), बम भोलेनाथ (सीधा-सादा), सिकन्दर (महान्, बड़ा : तकदीर का सिकन्दर), भीष्म (प्रण पर अटल रहनेवाला : भीष्मप्रतिज्ञा), सूरदास (अन्धा), रैदास (चमार), कैकेयी, मीरा (राजस्थान में कहीं-कहीं मीरा का अर्थ होता है परिवार का कहना न माननेवाली लड़की या स्त्री) आदि भी इसी प्रकार के शब्द हैं।

'बाईकाट' शब्द हिन्दी में अंग्रेज़ी से आया है। इसका अर्थ 'बहिष्कार' होता है। गांधीजी द्वारा चलाए गए राष्ट्रीय आन्दोलन और शान्त युद्ध [जिसमें

अन्य बहुत-सी बातों के साथ विदेशी वस्तुओं एवं संस्थाओं का बाईकाट (बहिष्कार) भी किया जाता था] के समय यह शब्द हिन्दी ही नहीं अपितु भारत की सभी भाषाओं में घुस आया। आश्चर्य तो इस बात पर होता है कि अन्य अंग्रेज़ी चीज़ों के साथ अंग्रेज़ी भाषा का भी बाईकाट किया गया था, फिर भी, उसी अंग्रेज़ी का होते हुए भी यह शब्द भारतीय भाषाओं में घुस आया और घर कर गया। वह आन्दोलन ही 'बाईकाट-आन्दोलन' के नाम से प्रसिद्ध रहा है। किसी शब्द की शक्ति का यहाँ पता चलता है। अंग्रेज़ी में यह शब्द बहुत पुराना नहीं है। आयरलैंड के काउंटी मेयो में किसी जमींदार के यहाँ एक कैप्टेन बॉयकाट नाम का कारिन्दा था। यह बड़ा क्रूर था और प्रजा को बहुत परेशान करता था। प्रजावर्ग ने आजिज़ आकर सन् 1880 के दिसम्बर महीने में आपस में तय करके इसके सारे काम छोड़ दिए—नाई ने हजामत बनानी छोड़ दी, धोबी ने कपड़े धोना, रसोइए ने रसोई बनाना इत्यादि। फल यह हुआ कि शीघ्र ही उसे झुकना पड़ा। उसके बाद ही इस प्रकार के बहिष्कार के लिए उसका नाम क्रिया तथा संज्ञा रूप में अंग्रेज़ी में प्रयुक्त होने लगा। यूरोप की जर्मन तथा फ्रांसीसी आदि भाषाओं में भी यह शब्द फैल गया है।

'एटलस' शब्द भी इसी प्रकार का है जो हिन्दी का न होते हुए भी अब हिन्दी का अपना हो गया है। नक्शों की पुस्तक को 'एटलस' कहते हैं। इसकी उत्पत्ति की कथा बड़ी विचित्र है। 'एटलस' एक दैत्य था, जिनका नाम यूनानी पौराणिक कथाओं में मिलता है। होमर में भी यह नाम आया है। यह उन खम्भों का रक्षक था जिन पर स्वर्ग टिका है। एक अन्य मत से यह विश्व को अपने कन्धों पर लिये था। यह भी कहा जाता है कि भगवान् के विरुद्ध कभी यह लड़ाई करने को भी तैयार हुआ और उसी के फलस्वरूप इसे पहाड़ हो जाने का शाप मिला था। अफ्रीका में आज भी 'एटलस' नाम का पर्वत है और लोगों का विश्वास है कि स्वर्ग उसी पर टिका है। नक्शे की पुस्तक के लिए इसके नाम के प्रयोग में प्रसिद्ध भूगोलवेत्ता जान मरकेटर

(1512-1596) का हाथ है। उसने अपने नक्शों की पुस्तक में आरम्भ में (फ्रांटिसपीस) एक चित्र दिया था जिसमें एक दैत्य अपने कन्धों पर विश्व को लिये था। उसके नीचे 'एटलस' शब्द छपा था। उसी को लेकर नक्शों की पुस्तकों के लिए यह शब्द प्रचलित हो गया और अब इस शब्द का प्रयोग प्राय: 'नक्शों की पुस्तक' के अर्थ में ही होता है।

'मर्सराइज़्ड' शब्द भी अंग्रेज़ी से ही आया है। यह शब्द भी एक नाम पर आधारित है। मर्सर (Mercer, 1791-1866) नाम का अंग्रेज़ जुलाहा था। 1844 में इसने एक ऐसा मसाला तैयार किया जिसमें डुबोने से सूती कपड़ों में स्थायी चमक आ जाती थी और जो धुलने पर भी ख़राब नहीं होती थी। इसी जुलाहे के नाम पर इस मसाले में डुबोने की क्रिया को 'मर्सराइज़' कहने लगे और इस मसाले में डुबाए कपड़े को 'मर्सराइज़्ड'।

हिन्दी में 'सैंडो' उस बनियान या गंजी को कहते हैं जिसमें बाँह या आस्तीन नहीं होती। यह शब्द मूलत: एक पहलवान का नाम था, जिसने सर्वप्रथम इस प्रकार के बनियान का प्रयोग किया। बाद में उसी का नाम इस विशेष प्रकार के बनियान के लिए चल पड़ा। आज सैंडो तो मर गया किन्तु उसका नाम इस रूप में अमर है।

जॉर्जेट एक फ्रांसीसी दर्ज़िन थी, जो औरतों के कपड़े बहुत अच्छे सिलती थी। वस्त्र प्राय: इसी कपड़े (जॉर्जेट) के बनाती थी, अत: फ्रांस में उनके नाम के आधार पर इस कपड़े को 'जॉर्जेट' कहने लगे। बाद में यह शब्द फ्रांसीसी भाषा से चलकर और भी अनेक भाषाओं में आ गया।

स्थान-नाम

बहुत-से शब्द स्थानों के नाम के आधार पर भी बन जाते हैं। दक्षिण भारत का प्रसिद्ध नगर है 'सूरत'। पुर्तगालियों ने कभी सूरत को अपना केन्द्र बनाया

था और वहीं से वे लोग खाने की तम्बाकू भारत के कई क्षेत्रों में भेजते थे। 'सूरत' से आने के कारण ही इस खाने की तम्बाकू को बहुत से स्थानों पर 'सुरती' या 'सुर्ती' कहने लगे। हिन्दी प्रदेश के कई पूर्वी क्षेत्रों में आज भी खाने की तम्बाकू को 'सुर्ती' कहते हैं। ऐसे ही 'चीनी'(शक्कर) शब्द 'चीन' पर आधारित है। 'चीनी' आज जिस रूप में मिलती है, वह पहले-पहल चीन में ही बनी थी। इसी प्रकार 'मिस्री' का सम्बन्ध मिस्र (देश) से है। मिस्री भारत में मूलत: कदाचित् वहीं से आई थी।

'एकेदमी' (मूल शब्द Academeia) मूलत: उस बगीची का नाम था जहाँ बैठकर प्लेटो और उनके विद्यार्थी दार्शनिक वाद-विवाद किया करते थे। यही शब्द बाद में विभिन्न भाषाओं में 'एकेडेमी', 'अकादमी' आदि रूप में 'विद्या-संस्थान' अर्थ में प्रचलित हो गया।

'बँगला' (विशेष प्रकार का मकान) शब्द का सम्बन्ध 'बंगाल' से है। इस प्रकार के मकान सर्वप्रथम वहीं बने, और फिर वहीं से अन्य प्रदेशों में इनका प्रचार हुआ।

'सैंडविच' इंग्लैंड की एक स्टेट का नाम था, जहाँ के सामन्त जान मोंटेगु (1718-92) दिन-रात जुआ खेलते रहते थे। यहाँ तक कि उन्हें खाने-पीने की भी सुध नहीं रहती थी। एक दिन भूख लगी थी किन्तु जुआ छोड़कर खाना इनके लिए सम्भव न था। उन्होंने अपने रसोइए को आज्ञा दी कि दो स्लाइसों के बीच तला गोमांस रखकर वह ले आए। अब क्या था। एक हाथ से वे इसे खाते रहे और दूसरे हाथ से खेलते रहे। अब तो वे रोज़ जुए में खलल न पड़ने देने के लिए यही खाने लगे और धीरे-धीरे इस खाद्य का चारों ओर प्रचार हो गया। इनके स्टेट में पहले यह प्रचलित हुआ और फिर वहाँ से बाहर इसीलिए स्टेट के नाम के आधार पर इसे भी 'सैंडविच' कहने लगे।

'बैडमिंटन' को अपने मूल रूप में डॉ. बिल्फ्रेड फंक तथा कुछ अन्य लोगों ने एक भारतीय खेल माना है। यहीं से 1873 में यह खेल इंग्लैंड पहुँचा

और वहाँ 'बैडमिंटन' नाम की स्टेट में इसका सर्वप्रथम प्रचार हुआ। इसी आधार पर इस खेल का नाम 'बैडमिंटन' पड़ गया।

'डॉलर' शब्द भी मूलत: एक स्थान के नाम पर आधारित है। 16वीं सदी में बोहेमिया की एक घाटी में चाँदी के सिक्के बनते थे। उस घाटी का नाम Jochim था। जर्मन भाषा में घाटी के लिए Thal शब्द है। इसी आधार पर उस घाटी को Jochimsthal कहते थे। यहाँ बननेवाले सिक्के भी बाद में इसी नाम से पुकारे जाने लगे। आगे चलकर Jochimsthal शब्द ही छोटा और परिवर्तित होकर Thaler हो गया जो डच में daler तथा अंग्रेज़ी में 'डॉलर' है।

फ्रांस के एक कस्बे का नाम Papalina है, जहाँ सबसे पहले 'पॉपलिन' कपड़ा बना, और उसी स्थान के नाम के आधार पर इस कपड़े को 'पॉपलिन' कहने लगे।

दृश्यात्मक समानता

बहुत-से शब्द देखने की या रूपात्मक समानता के आधार पर भी बन जाते हैं। उदाहरण के लिए अंग्रेज़ी (तथा हिन्दी आदि) का शब्द है 'ऑमलेट'। वस्तुत: यह शब्द फ्रांसीसी भाषा का allemett है, जिसका मूल अर्थ है 'पतला पत्तर'। ऑमलेट भी पतले पत्तर-जैसा होता है, अत: उसे इस नाम से पुकारा गया है। एक दूसरा शब्द 'पेंसिल' भी इसी प्रकार का है। मूलत: यह शब्द लैटिन का penicilum है जिसका अर्थ है 'छोटी पूँछ'। पहले छोटे पतले ब्रश से लिखा जाता था जो देखने में छोटी पूँछ की तरह का होता था, अत: उसे penicilum कहा जाता था। बाद में उनका काम पेंसिल से लिया जाने लगा तो इसे भी उसी नाम से पुकारा जाने लगा, यद्यपि आधुनिक पेंसिल छोटी पूँछ-जैसी बिलकुल नहीं होती। 'ज़ेब्रा पारपथ' (Zebra Crossing) तथा 'ख़रगोशी ऊन' (Rabbit Wool) भी इसी प्रकार बने शब्द हैं।

गुण या विशेषता के आधार पर

सभी भाषाओं के बहुत सारे शब्द इस आधार पर बने होते हैं। उदाहरण के लिए हिन्दी का शब्द 'बावर्ची' लें। फ़ारसी 'बावर' का अर्थ है 'विश्वास' और 'ची' प्रत्यय का अर्थ है 'वाला'। इस तरह 'बावर्ची' का अर्थ है 'विश्वासपात्र'। मध्ययुग में बादशाहों के रसोईघर के प्रबन्धक को 'बावर्ची' कहते थे। बादशाह के अत्यन्त विश्वासपात्र व्यक्ति की नियुक्ति ही इस पद पर होती थी, जिसका पूरा विश्वास हो ताकि खाने में ज़हर आदि न मिलाया जा सके। बाद में रसोई बनानेवाले को भी बावर्ची कहने लगे, क्योंकि उसका भी विश्वासपात्र होना उतना ही ज़रूरी है, ख़ास तौर पर वहाँ जहाँ एक ही व्यक्ति रसोई की व्यवस्था भी करे तथा खाना भी बनाए। ऐसे ही 'कॉफ़ी' शब्द मूलत: अरबी 'क़हव:', तुर्की 'कहवे:' इतालबी Caffe, फ्रांसीसी Cafe, अंग्रेज़ी Coffee रूप में विकसित हैं। अरबी 'क़हव:' का मूल अर्थ है 'नशा करनेवाली चीज़'। हल्का नशा लानेवाले प्रभाव के कारण इस पौधे तथा इसके बीज को 'कहव:' कहा गया था। कॉपी (मूल शब्द लैटिन Copia जिसका अर्थ आधिक्य है; अंग्रेज़ी Copious में यह अर्थ आज भी सुरक्षित है; कॉपियों में काग़ज़ के पन्नों के आधिक्य के कारण यह नाम पड़ा), पिआनो (मूलत: इतालवी शब्द Pianoe-frorte जिसका अर्थ 'कोमल और ऊँचा' होता है। पिआनो की आवाज़ की इस विशेषता के कारण ही यह नाम पड़ा है) वग़ैरह अन्य भी अनेक शब्द इसी आधार पर बने हैं। यही स्थिति दिनकर, प्रभाकर, विभाकर, छपाकर, रत्नाकर आदि की भी है।

हाथी (हाथवाला जानवर, 'हाथ' अर्थात् सूँड़), करी, [कर (सूँड़) वाला जानवर], द्विरद (दो दाँतवाला, हाथी), केशरी (गर्दन पर केश वाला), चौपाई, चारपाई, तिपाई, तिराहा, चौराहा जैसे शब्द भी किसी-न-किसी प्रकार की विशेषता के आधार पर ही बने हैं।

मूल्य

कभी-कभी मूल्य के आधार पर भी शब्द बन जाते हैं। गज़ट (राजपत्र) का मूल इतालियन शब्द 'गज़ेटा' है। 'गज़ेटा' सोलहवीं सदी में वेनिस सरकार का सबसे छोटा सिक्का था। उस समय सरकारी विज्ञप्तियाँ एक काग़ज़ पर लिखकर सुनाई जाती थीं, और सुननेवालों से एक 'गज़ेटा' फ़ीस ली जाती थी। इसी आधार पर सरकारी विज्ञप्तियुक्त उस काग़ज़ या राजपत्र को 'गज़ेटा' कहने लगे और यही शब्द अंग्रेज़ी में आकर 'गज़ट' हो गया। 'वह आदमी दो कौड़ी का है' में 'दो कौड़ी का' (बेकार, व्यर्थ का) का अर्थ है 'जो दो कौड़ी में खरीदा जा सके'। कहना न होगा कि पहले कौड़ी भी भारतीय मूल्य-प्रणाली में एक प्रकार से सबसे छोटा सिक्का था। यह अभिव्यक्ति उसी पर आधारित है। अमूल्य, मूल्यवान, बेशकीमत शब्द भी इसी श्रेणी के हैं। इंग्लैंड में कभी बोलचाल में एक प्रयोग चलता रहा है 'टु स्पेंड अ पेनि' (to spend a penny) जिसका अर्थ रहा है 'पाख़ाने जाना'। इस अभिव्यक्ति का आधार यह है कि वहाँ 'जनता-शौचालय' में जाने की फ़ीस कभी एक 'पेनी' थी।

संक्षेप

कुछ शब्द संक्षेप के आधार पर भी बन जाते हैं। उदाहरण के लिए, संविद (संयुक्त विधायक दल), नाटो (North Atlantic Treaty Organisation), जीप (Vohicle for General Purpose, G.P. = जीप), रडार (Radio Detection and Ranging), नकेनवाद (नलिन विलोचन शर्मा, केसरीकुमार, नरेश = नकेन), मिग (Mikoyan तथा Gurevich ने मिलकर इसे बनाया)।

संख्या

कुछ शब्द संख्याओं के आधार पर भी बन जाते हैं। भारतीय दंड विधान में 420 नम्बर की धारा धोखा देनेवाले अपराधियों पर लगाई जाती है। इसी आधार पर हिन्दी में 'चार सौ बीस' शब्द चल पड़ा है जिसका अर्थ है 'धोखेबाज़'। इसी आधार पर 'चार सौ बीसी' शब्द 'धोखेबाज़ी' के लिए चलता है। 'वह आदमी तो दसनम्बरी है' में 'दसनम्बरी' भी इसी प्रकार संख्या पर आधारित शब्द है। 'दसनम्बरी' का अर्थ होता है 'भारतीय दंड संहिता की 110 नम्बर की धारा जिस पर लगे'। यह धारा उस पर लगती है जो जनता की निगाह में बुरा हो। साठ वर्ष का होने पर वृद्धि मन्द पड़ जाती है या व्यक्ति का चिन्तन कुंठित हो जाता है। इसी कारण नौकरी से हटाये जाने की उम्र साठ या उसके आसपास रही है। इसी 'साठ' से हिन्दी में शब्द बना है 'सठियाना'। 'वह सठिया गया है' वाक्य का अर्थ है 'वह व्यक्ति साठ वर्ष का हो जाने के कारण अपने सोचने-समझने या व्यवहार आदि में असामान्य (बुरे अर्थ में) हो गया है या कुछ पगला-सा गया है'। कभी-कभी 'सठियाने' का प्रयोग 'भ्रष्ट होने' के अर्थ में भी होता है : 'उसकी अक्ल तो सठिया गई है'। उर्दू में एक मुहावरा चलता है 'सतरा-बहतरा' होना। इसका सम्बन्ध 70-72 की उम्र से है। इस मुहावरे का भी वही अर्थ है जो 'सठियाने' का है। ऐसे ही प्रत्येक भारतीय थाने में एक रजिस्टर होता है जो 'रजिस्टर नम्बर आठ' कहलाता है। थाने के रजिस्टरों में आठवें नम्बर का होने के कारण इसे यह नाम मिला है। इसमें उस थाने के क्षेत्र के अपराधियों के नाम दर्ज रहते हैं। इसी आधार पर अपराधियों के लिए 'नम्बर आठ' या 'आठ नम्बरी' का प्रयोग चलता है। इसी को संक्षेप में 'नम्बरी' (नम्बरी चोर, नम्बरी बदमाश) भी कहते हैं।

प्रयोग

बहुत-से शब्द प्रयोग के आधार पर बनते हैं। 'सुमिरनी' नाम माला का इसलिए है कि उसका प्रयोग भगवान का 'सुमिरन' करने के लिए होता है। 'रबर' का प्रयोग रगड़कर लिखा मिटाने के लिए होता था, अत: अंग्रेज़ी रब (Rub = रगड़ना) के आधार पर उसे 'रबर' नाम दिया गया। भोजपुरी में खाने की तम्बाकू को 'खइनी' (= जो खायी जाए) कहते हैं।

जिससे बनाएँ वह मूल वस्तु

जिस चीज़ से कोई चीज़ बनती है, कभी-कभी उसका नामकरण उसी के आधार पर कर देते हैं। पेड़-विशेष की भीतरी छाल को ग्रीक में 'बिबलास' कहते हैं। यह छाल लिखने के काम आती थी। अत: इस पर लिखी गई किताब ग्रीक में 'बिबिलिया' कहलाई। 'बाइबिल' शब्द इसी से बना है। अंग्रेज़ी शब्द 'बिबिलियोग्राफ़ी' (पुस्तक-सूची) भी इसी से सम्बद्ध है।

'पेन' (क़लम) का सम्बन्ध लैटिन Penna से है, जिसका अर्थ 'पंख' होता है। पहले पेन (क़लम), पेना (पंख) की बनती थी, अत: 'पेना' कहलाई। यह 'पेना' शब्द बाद में 'पेन' हो गया, तथा लोहे, लकड़ी आदि की क़लम भी इसी नाम (पेन) से पुकारी जाने लगी।

'अफ़ीम' शब्द मूलत: यूनानी शब्द ओपिअन (Opion) है जिसका अर्थ 'पोस्ते का रस' है। अफ़ीम इसी से बनने के कारण यूनानी में 'ओपिअन' कहलाई और यही शब्द विभिन्न भाषाओं में ओपियम, अफ़्यून, अफ़ीम आदि हो गया।

कुटज (कुट अर्थात् तृण से जन्मा या बना, अर्थात् झोंपड़ी), गिलास (मूलत: गिलास 'ग्लास' अर्थात् शीशे के होते थे), शीशा (= आईना,

शीशे से बनने के कारण) आदि अनेक अन्य शब्द भी इस प्रकार के हैं।

अन्धविश्वास

बहुत-से शब्द अन्धविश्वास के आधार पर जन्म लेते हैं। उदाहरण के लिए अब तो हम जानते हैं कि चाँद का काला धब्बा उसकी सतह पर के गड्ढे आदि हैं किन्तु प्राचीन भारतीयों में यह अन्धविश्वास था कि वह मृग या हिरन है। इसी आधार पर संस्कृत में चाँद के लिए 'मृगांक' तथा 'हरिणांक' (जिसके अंक या गोद में मृग या हिरन हो) शब्दों का प्रयोग हुआ है। ऐसे ही लोगों का विश्वास है कि कौवे के एक आँख होती है। वही आँख कभी एक अक्षगोलक में आ जाती है तो कभी दूसरे में। इसी आधार पर संस्कृत में 'कौवा' के लिए एक शब्द 'एकाक्ष' प्रयुक्त होता है।

अशोक (वृक्ष) के लिए संस्कृत में एक शब्द आता है 'वामांघ्रिघातन' जिसका शब्दार्थ है 'युवती (वामा) के चरण (अंघ्रि) से मारा जानेवाला'। पुराना अन्धविश्वास है कि युवती जब अशोक वृक्ष को अपने पैरों से मारती है तो वह पुष्पित हो उठता है। इसी प्रकार लोगों का विश्वास है कि चातक केवल स्वाति नक्षत्र में बरसनेवाले पानी का पान करता है। इसी आधार पर 'चातक' का एक पर्याय 'स्वातिजीवन' है। उसके लिए एक दूसरा शब्द 'मेघजीवन' भी मिलता है जिसके पीछे भी यही अन्धविश्वास है, अर्थात् चातक केवल स्वाति नक्षत्र के बादल का बरसा पानी ही पीता है।

एक पुराना अन्धविश्वास है कि स्वाती की बूँद ही सीप में गिरकर मोती, साँप के मुँह में पड़कर ज़हर तथा केले के पेड़ में कपूर बनती है। इसी आधार पर 'कपूर' के अन्य नाम 'घनसार' तथा 'मेघसार' हैं। चक्षुश्रवा (= सर्प; जो आँख से सुने), सुधाकर (चाँद; अमृत का भंडार,

सुधानिधि, सुधारश्मि, अमृतांशु आदि भी), तथा काकपाली (= कोयल; कहा जाता है कि कोयल अपने अंडे को कौए के घोंसले में रख आती है तथा कौआ ही उसे सेता और पालता है; काकसुता भी) आदि शब्द भी इसी श्रेणी के हैं।

स्वाद

अमरीका के आदिवासियों की भाषा में एक शब्द है 'चाकोलट्ल' जिसका अर्थ है 'कड़वा पानी'। पहले जो 'चॉकलेट' बनता था 'कड़वे पानी' की तरह कड़वा होता था, अत: 'चाकोलट्ल' कहा जाने लगा। 'चॉकलेट' उसी शब्द का ध्वन्यात्मक विकास है। इस प्रकार कुछ शब्द स्वाद के आधार पर भी बन जाते हैं।

बनाने की प्रक्रिया

कभी-कभी बनाने की प्रक्रिया के आधार पर भी शब्द बन जाते हैं। उदाहरण के लिए, 'जेब' शब्द का मूल अर्थ है 'जो काटकर बनाया जाए।' काटकर बनाए जाने के कारण ही जेब नाम पड़ा। पहले जो जेबें बनती थीं उनका मुँह कपड़े में काटकर छेद करके बनाया जाता था। 'टोस्ट' भी इसी प्रकार का शब्द है। इसका सम्बन्ध लैटिन धातु torreve से है जिसका अर्थ है 'सेंकना'; अर्थात् 'टोस्ट' वह है जो सेंका जाए या सेंककर बनाया जाए। ऐसे ही 'ग्रन्थ' धातु का अर्थ है 'गूँथना' या बाँधना। 'ग्रन्थ' नाम काग़ज़ या पन्नों को गूँथ या बाँधकर बनाने के कारण पड़ा है।

रंग

कुछ शब्द रंग के आधार पर भी बन जाते हैं। 'नाग' का अर्थ है 'सिन्दूर'। सिन्दूर के रंग का होने के कारण सन्तरे को संस्कृत में 'नागरंगक' या 'नागरंगिका' कहा गया, जिसका विकसित रूप 'नारंगी' है। पांडुलिपि शब्द भी इसी प्रकार का है। 'पांडु' का अर्थ है 'सफ़ेद'। कभी अपने यहाँ धरती या पट्टी पर सफ़ेद खरिया से लिखते थे और उसे लिपि सफ़ेद होने के कारण पांडुलिपि कहते थे। यही शब्द फिर मसविदा, दस्तावेज़ और बाद में हस्तलिखित ग्रन्थ के लिए रूढ़ हो गया। स्याही (पहले स्याही केवल स्याह अर्थात् काली होती थी), सब्ज़ी (मुख्यतः सब्ज़ अर्थात् हरी होती है), पीलिया (पीला से) आदि शब्द भी इसी श्रेणी के हैं।

कोई कहानी

कभी-कभी कुछ कहानियों के आधार पर भी शब्द बन जाते हैं। कहा जाता है कि एक बहुत कंजूस आदमी एक कटोरी में घी लेकर कहीं जा रहा था। घी में एक मक्खी पड़ गई। मक्खी निकालकर वह फेंकना चाहता था तब तक उसे ध्यान आया कि मक्खी के पंख-पैर में घी लगा है। उसने अपना वह थोड़ा-सा घी भी न जाने देने के लिए पहले मक्खी मुँह में डालकर चूसा और तब कहीं उसे ज़मीन पर फेंका। यह बात कोई व्यक्ति देख रहा था। वह बोल उठा—मक्खीचूस। और धीरे-धीरे कंजूस के लिए यह शब्द चल पड़ा।

इस प्रकार अनेकानेक आधारों पर शब्द बनते रहे हैं, जनमते रहे हैं, बन रहे हैं, जनम रहे हैं, तथा बनते रहेंगे, जनमते रहेंगे।

शब्द बढ़ते हैं

आदमी जनमता है और बढ़ता है, तो फिर शब्द ही क्यों पीछे रहें? वे भी जनमते हैं, और बढ़ते हैं। किन्तु एक अन्तर है। हर आदमी जो जनमता है, बढ़ता है, किन्तु हर शब्द जो जनमता है, बढ़ता नहीं। यह वृद्धि केवल कुछ थोड़े ही शब्दों में होती है। एक उदाहरण लें। अंग्रेज़ी में शब्द है 'प्लेटो' जो हिन्दी में 'प्लेटो' के अतिरिक्त 'अफ़लातून' रूप में मिलता है। प्रयोग चलते हैं : 'वह तो अफ़लातून है'; 'वह तो अपने-आपको अफ़लातून का नाती समझता है'। वस्तुतः हुआ यह कि मूल यूनानी शब्द 'प्लातोन' है जो अंग्रेज़ी में 'प्लेटो' हो गया किन्तु अरबी, फ़ारसी आदि में यही 'अफ़लातून' हो गया। अर्थात् 'प्लातोन' शब्द अरबी, फ़ारसी, हिन्दी, उर्दू आदि में लम्बाई में बढ़कर 'अफ़लातून' हो गया : 'प्लातोन' से 'अफ़लातून'।

भाषावैज्ञानिक दृष्टि से यह वृद्धि ध्वनि-आगम के कारण होती है। आगम, अर्थात् किसी ऐसी अतिरिक्त ध्वनि का उस शब्द में आ जाना जो पहले से नहीं है। जैसे 'दवा' से 'दवाई'। यहाँ हम देखते हैं कि 'ई' के आ जाने से 'दवाई' शब्द 'दवा' से बड़ा हो गया है।

यह आगम कई प्रकार का हो सकता है :

1. **आदि स्वरागम—** इसमें कोई स्वर शब्द के आदि में आ जाता है, और उसकी लम्बाई इस अतिरिक्त ध्वनि के आने के कारण बढ़ जाती है। उदाहरण हैं : 'स्कूल', 'स्टेशन', 'स्प्रिंग' आदि शब्दों को हिन्दी के पूर्वी प्रदेशों में 'इस्कूल', 'इस्टेशन' : 'इस्प्रिंग' रूप में बोलते हैं। अर्थात् 'इ' का आगम हो गया है। 'प्लातोन' (प्लेटो) से 'अफ़लातून', 'स्तबल' से 'अस्तबल', 'सवारी' से 'असवारी', 'कलंक' से 'अकलंक' (भोजपुरी) में भी यही बात है।
2. **मध्य स्वरागम—** 'स्कूल', 'स्टेशन', 'स्प्रिंग' को पंजाबी लोग 'अ' का मध्य आगम करके 'सकूल', 'सटेशन' तथा 'सप्रिंग' कहते हैं। गर्म' का 'गरम', 'भक्त' का 'भगत', 'हुक्म' का हुकुम', 'बर्फ़' का 'बरफ़' आदि इसी प्रकार के उदाहरण हैं, जिनमें मध्य में किसी स्वर के आने से शब्द भी बड़े हो गए हैं।
3. **अन्त्य स्वरागम—** इसके उदाहरण बहुत कम हैं : 'दवा' से 'दवाई', तथा 'पत्र' से भोजपुरी में 'पतई' आदि।
4. **आदि व्यंजनागम—** कभी-कभी शब्द के आदि में व्यंजन आने से भी किसी शब्द की लम्बाई बढ़ जाती है। जैसे 'ओठ' (सं. ओष्ठ) से 'होंठ', 'अंसलि' से 'हँसली' तथा 'उलास' (सं. उल्लास) से 'हुलास' आदि।
5. **मध्य व्यंजनागम—** 'टालटूल' से 'टालमटोल', सं. 'पण' से हि. 'प्रण', 'लाश' से 'लहास' (भोज.), 'सु + नर' से 'सुन्दर', 'सु + नरी' से 'सुन्दरी', 'हमेशा' से भोजपुरी 'हरमेसा', 'सुख' से 'सुक्ख', 'रखा' से 'रक्खा', 'पसन्द' से अवधी 'परसन्द', 'समुद्र' से 'समुन्दर', 'जेल' से भोजपुरी 'जेहल' आदि।
6. **अन्त्य व्यंजनागम—** 'भौं' (सं. भ्रू) से 'भौंह' (भौंहें), 'उमरा' (अर.) से 'उमराव' तथा 'परवा' (फ़ा.) से 'परवाह' (भोज.) आदि।

शब्दों के बढ़ने के कुछ उदाहरणों को यहाँ कुछ विस्तार से लिया जा सकता है।

संस्कृत में शब्द है 'गुंजा', किन्तु यही शब्द बढ़कर हिन्दी की एक बोली भोजपुरी में 'घुँगुची' हो गया है। 'मिश्र' (ब्राह्मणों के नामों के साथ प्रयुक्त) ब्रजभाषा के कुछ क्षेत्रों में 'मिसुर' बोला जाता है, अर्थात् 'उ' के घुस आने से शब्द की लम्बाई बढ़ गई है।

अचार या मुरब्बा आदि रखने के बर्तन को हिन्दी प्रदेश के विभिन्न क्षेत्रों में 'मर्तबान', 'म्रितबान', 'अमरितबान' या 'मिरितबान' आदि कहते हैं। बहुत-से लोग संस्कृत 'मृद्भांड' से इसे जोड़ते हैं किन्तु मूलतः यह शब्द अरबी शब्द 'मर्तबान' है। स्पष्ट ही 'मर्तबान' की तुलना में अमरितबान, मिरितबान, अमृतबान आदि बढ़े हुए शब्द हैं। रामचरितमानस में आता है :

कहहिं सुसेवक बारहिं बारा।
होइअ नाथ अस्व असवारा॥

यह 'असवारा' या 'असवार' मूलतः फ़ारसी का 'सवार' शब्द है जो 'अ' के आ जाने से बड़ा हो गया है। अवधी, भोजपुरी आदि में 'सवारी' के स्थान पर प्रचलित शब्द 'असवारी' में भी यही बात है।

जिसे हम 'तन्दूर' कहते हैं, मूलतः फ़ारसी का 'तनूर' है। 'द' के घुस आने से यह 'तन्दूर' हो गया है।

संस्कृत में मूल शब्द 'शाप' ('अभिशाप' में भी यही है) है। हिन्दी में यह 'श्राप' हो गया है। अर्थात् 'र' के आ जाने से थोड़ा बड़ा हो गया है, किन्तु भोजपुरी, अवधी, मगही आदि बोलियों में यह 'सराप' रूप में और भी बड़ा हो गया है। इन बोलियों में 'सरापना' क्रिया भी प्रयुक्त होती है।

शब्दों को बढ़ाने की यह प्रवृत्ति क्षेत्रीय आधार पर कई प्रकार की होती है। पंजाबी लोग शब्द के बीच में स्वर लाकर शब्द को बड़ा कर लेते हैं। जैसे 'स्टेशन' का 'सटेशन', 'स्पष्ट' का 'सपष्ट', 'स्प्रिग' का 'सप्रिंग'

तथा 'स्कूल' का 'सकूल' आदि। ब्रज, अवधी, भोजपुरी क्षेत्रों में ऐसे शब्दों में प्रारम्भ में स्वर के आने से शब्द बड़ा हो जाता है : 'इस्नेह', 'इस्टेशन', 'अस्नान, 'इस्कूल', 'अस्पष्ट', 'इस्प्रिंग', 'अस्तुति', 'इस्तुति', 'अस्तोत्र', 'इस्तोत्र' आदि।

संस्कृत का 'प्रबल' कबीर में 'अपरबल' रूप में बड़ा हुआ मिलता है :

पानी माहीं परजली भई अपरबल आगि।
बहती सरिता रह गई मच्छ रहे जल त्यागि।

संस्कृत के 'पत्र' शब्द ने तो बढ़कर किसी मायावी राक्षस की तरह अनेक रूप धारण कर लिये हैं : 'पत्तर' (चाँदी, सोने आदि का), 'पत्तल' (पत्तों का बना), 'पतला' (मूल अर्थ पत्ते जैसा पतला)।

संस्कृत का 'अक्षोट' शब्द पश्तो भाषा में पहुँचा तो बड़ा होकर 'अखरोट' हो गया। वहाँ से लौटकर फिर यही बढ़ा हुआ शब्द हिन्दी-उर्दू आदि में प्रचलित हो गया।

'सिकन्दर' व्यक्ति तो बड़ा था ही, शब्द भी बड़ा होकर 'इसकन्दर' हो गया। जायसी पद्मावत में लिखते हैं :

इसकन्दर जुलकरन जो कीन्हा।

'कृष्ण' का पद्मावत में प्रयुक्त 'किरिसुन' रूप भी इसी प्रकार का है :

किरिसुन करा चढ़ा ओहि माँथे।
तब सो छूट अब छूट न नाथे।

अरबी शब्द 'अमीर' का बहुवचन 'उमरा' सूरदास में 'उमराव' रूप में है :

महा महा जो सुभट दैत्य बल बैठे सब उमराव।

संस्कृत का शब्द 'व्यर्थ' जायसी में 'अँबिरिथा' रूप में बढ़ा हुआ मिलता है :

पेम क आगि जरै जउ कोई।
ताकर दुख न अँबिरिथा होई।

हिन्दी की सभी बोलियों में इस प्रकार के बढ़े हुए शब्दों की भरमार है। जैसे कृपा का 'किरिपा', 'क्रिया' का 'किरिया', 'वेश्या' का 'बेसवा', 'आलसी' का 'आलकसी', 'जेल' का 'जेहल', 'लाश' का 'लहास', 'बला' का 'बलाय', 'चील' का 'चील्ह', 'हमेशा' का 'हरमेसा', 'डेढ़ा' का 'डेवढ़ा', 'कल' का 'काल्ह' आदि। किन्तु इसका आशय यह नहीं कि परिनिष्ठित हिन्दी में ऐसे शब्द नहीं हैं। 'खल' का 'खरल', 'पण' का 'प्रण', 'शाप' का 'श्राप', 'जन्म' का 'जनम', 'पूर्व' का 'पूरब', 'सूर्य' का 'सूरज' जैसे अनेक बढ़े हुए शब्द परिनिष्ठित भाषा के प्रयोग में भी हैं।

शब्द उलटते हैं

बच्चे जनमने के कुछ ही दिनों बाद थोड़ा बड़ा होते ही उलटने-पलटने लगते हैं। शब्द भी उनसे पीछे नहीं हैं। ये भी उलटते-पलटते हैं। 'लखनऊ' को बहुत-से लोग 'नखलऊ' कहते हैं। कहना न होगा कि 'लखनऊ' शब्द के 'ल' और 'न' के उलटने-पलटने के कारण 'लखनऊ' का 'नखलऊ' हो गया है। हुआ यह है कि 'ल' ने 'न' का और 'न' ने 'ल' का स्थान ले लिया है। यह उलटना-पलटना या उलट-फेर शब्दों में प्राय: होता है। बहुत-से पंजाबी 'चाकू' को 'काचू' तथा 'कीचड़' को 'चीकड़' कहते हैं।

भाषाविज्ञान की तकनीकी भाषा में ध्वनियों के इस परिवर्तन को 'विपर्यय' या 'ध्वनि-विपर्यय' कहते हैं। विपर्यय मुख्यत: दो प्रकार का होता है :

1. **पार्श्ववर्ती विपर्यय**—इसमें पास-पास की ध्वनियाँ एक-दूसरे के स्थान पर आ जाती हैं। संस्कृत 'चिह्न' हिन्दी में बहुत-से लोगों द्वारा 'चिन्ह' रूप में प्रयोग होता है। इसी प्रकार 'ब्राह्मण' का 'ब्राम्हण', 'ब्रह्म' का 'ब्रम्ह' तथा 'ब्रह्मा' का 'ब्रम्हा' आदि।
2. **दूरवर्ती विपर्यय**—इसमें जो ध्वनियाँ एक-दूसरे के स्थान पर आ जाती हैं, वे पास-पास न होकर दूर-दूर होती हैं। जैसे 'लखनऊ' से 'नखलऊ' में 'ख' तो अपने स्थान पर ज्यों-का-त्यों है, किन्तु

उसके पूर्व और बाद के 'ल' तथा 'न' ने एक-दूसरे का स्थान ले लिया है। 'अनुमान' का 'उनमान' (मध्यकालीन हिन्दी) या 'पहुँचना' का 'चहुँपना' (भोजपुरी) में भी यही बात है।

आगे स्वर, व्यंजन तथा अक्षर (स्वर तथा व्यंजन का सम्मिलित रूप) के आधार पर इसके और भी उपभेद किये जा सकते हैं।

अनपढ़ जनता द्वारा प्रयुक्त भाषा में इस प्रकार के परिवर्तन की प्रवृत्ति बहुत ज़्यादा है। उदाहरण के लिए हिन्दी की बोलियों में इसके अनेक उदाहरण मिलते हैं। जैसे 'जानवर' से 'जनावर', 'अमरूद' से 'अरमूद', 'टटका' से 'टाटक', 'फाटक' से 'फटका', 'उकसाना' से 'उसकाना', 'कचहरी' से 'कहचरी', 'पहुँचना' से 'चहुँपना', 'परिधान' से 'पहिरन', 'बुकचः' से 'बकुचा', 'गुरुड' से 'गडुर', 'नज़दीक' से 'नगीच', 'तरोई' से 'तोरई' या 'तोरी', 'उल्का' से 'लुक्क', 'घुटना' से 'ठेंघुँना', 'इष्टका' से 'इकटा', 'रिक्शा' से 'रिस्का', 'आदमी' से 'अमदी', 'बक्स' से 'बसक', 'नुकसान' से 'नसक़ान', 'नुसखा' से 'नुख्सा', 'यहाँ' से 'हियाँ', 'रूमाल' से 'उरमाल', 'ससुर' से 'सुसर', 'निरादर' से 'निदरना', 'बीमार' से 'बेराम', 'बीमारी' से 'बेरामी', 'चिकुर' से 'चिरकी' (शिखा), 'इलजाम' से 'इजलाम', 'कराहना' से 'कहरना', 'मुजरिम' से 'मुलजिम', 'क़ुफ़्ल' से 'कुलुफ', 'वोढ़' से 'ढोव', 'लघु + क' से 'हलुक', 'बिन्दु' से 'बूँदी', 'इक्षु' से 'उखि' तथा 'एरंड' से 'रेंडी' आदि। इनमें से कुछ को तो साहित्य में भी देखा जा सकता है।

लूक (सं. उल्का)

आवत मुकुट देखि कपि भागे।
दिन ही लूक परन बिधि लागे।

—तुलसी

निदरना (सं. निरादर)

एक-एक जीतहिं संसारा।
उनहिं निदरि पावत को पारा।

—सबलसिंह

कहरना (हिन्दी कराहना)

श्रीपति सुकवि यों वियोगी कहरन लागे,
मदन की आगि लहरन लागी तन में।

—श्रीपति

कुलुफ (अर. कुफ़्ल = ताला)

कज्जल कुलुफ मेलि मन्दिर में पलक संदुक पट अटकै।

—सूर

हरुअ—अलुक (सं. लघु + क)

कोई हरुअ जानु रथ हाँका।

—जायसी

विपर्यय या शब्दों का उलटना एक अशुद्धि है और अशास्त्रीय है,

पर दु:ख है कि बाबा विश्वनाथ की नगरी काशी का प्रसिद्ध नाम 'बनारस' भी इस अशुद्धि का शिकार हो चुका है। 'वरुणा' और 'असी' की सीमा के बीच बसने के कारण काशी का नाम 'वाराणसी' पड़ा था। 'वाराणसी' शब्द विकसित होकर या बिगड़कर आज 'बनारस' हो गया है। यदि हम ध्यान दें तो 'व' का 'ब' तथा 'ण' का 'न' होने से 'बारानसी' या 'बरानस' शब्द बनना चाहिए था, पर शब्द 'बरानस' न बनकर 'बनारस' बना। इसका रहस्य यह है कि यहाँ भी विपर्यय महाराज घुस आए और 'र' के स्थान पर 'न' तथा 'न' के स्थान पर 'र' करके शब्द को उलट-पुलटकर 'बनारस' बना दिया। देव-भाषा संस्कृत, शास्त्रीयता तथा पांडित्य के केन्द्रस्थल को भी इस अशुद्धि से न बचते देखकर बड़ा आश्चर्य होता है। संस्कृत के स्थान पर ग्रामीण भाषा अवधी में 'रामचरितमानस' लिखने के कारण बनारस के जिन पंडितों ने तुलसी का इतना विरोध किया था, भला उन्होंने अपनी पुनीत नगरी के नाम में इतनी बड़ी अशुद्धि कैसे बरदाश्त की, यह समझ नहीं आता। शायद शब्दों के उलटने या विषयित होने की शक्ति इतनी अतुल है कि पंडितों का पांडित्य उसे परास्त न कर सका।

स्वयं संस्कृत भाषा भी इस अशुद्धि या दोष से अछूती नहीं है। 'हिंस' का अर्थ होता है 'हिंसा करना' और इसी से 'सिंह' बना है। कहना न होगा कि यहाँ भी शब्द उलट गया है। 'आवाहन' और 'आह्वान' दोनों शुद्ध संस्कृत शब्द हैं और दोनों का अर्थ भी एक ही है। यथार्थत: यहाँ 'आह्वान' शब्द तो शुद्ध है पर 'आवाहन' उसका विपर्ययग्रस्त रूप है। यह उलट बहुत पहले हो गई थी और विपर्ययग्रस्त रूप भी प्रचलित हो गया था, अत: बैयाकरणों एवं कोषकारों को भी विपर्यय की शक्ति के आगे सिर झुकाकर इस अशुद्ध रूप को शुद्ध मान अपने ग्रन्थों में स्थान देना पड़ा।

'खन्' एक संस्कृत धातु है जिसका अर्थ 'खोदना' होता है। प्रारम्भ में सम्भवत: मनुष्य नाख़ून से ही ज़मीन खोदता था और इसी कारण नाख़ून को 'नख़' की संज्ञा दी। यह 'नख़' शब्द 'खन्' के विपर्यय से ही बना है।

'नारिकेल' और 'नालिकेर' में भी यही बात है। आप्टे आदि के प्रामाणिक कोषों में इन दोनों को शुद्ध संस्कृत शब्द के रूप में दिया गया है, किन्तु तथ्य यह है कि शुद्ध और प्राचीन शब्द 'नारिकेल' है और 'नालिकेर' उसका विपर्ययग्रस्त, उलटा, या अशुद्ध रूप है। यह रूप भी काफ़ी प्राचीन है, अत: 'आवाहन' की भाँति इसे भी स्थान देना पड़ा है।

आज की साहित्यिक हिन्दी तथा उर्दू में भी इस प्रकार के बहुत-से उदाहरण मिलते हैं। संस्कृत में 'वारि' देनेवाला होने के कारण बादल का नाम 'वारिद' था। इसमें 'व' का 'ब' तथा 'र' का 'ल' होने से एवं 'द' और 'ल' में उलट-फेर होने से 'वारिद' का हिन्दी में 'बादल' हो गया। इसी प्रकार 'अंगुलि' से 'उँगली', 'पत्र' (पत् र) का 'परत', 'तिलक' का 'टिकुली', 'चक्र' से 'चरखा', 'चत्वार' का 'चबूतरा', 'बिडाल' का 'बिलार', 'सन्धि' का 'सेंध' तथा 'अम्लिका' का 'इमली' भी शब्दों में विपर्यय के सुन्दर उदाहरण हैं। कुछ विपर्यय अस्पष्ट भी होते हैं। उदाहरणस्वरूप 'स्नान' से 'नहान', 'गृह' से 'घर', 'नग्न' से 'नंगा' तथा 'जिह्वा' से 'जीभ' विपर्यय ही हैं, यद्यपि स्पष्ट ज्ञात नहीं होते। पहले 'स्नान' को लीजिए। स्नान (स्नान) में 'स' ध्वनि 'ह' में परिवर्तित होकर बीच में आ गई है और प्रथम 'न' को उसके स्थान पर जाना पड़ा है; इस प्रकार 'स्नान' से विपर्ययग्रस्त रूप 'नहान' बना है। 'गृह' में 'ऋ' 'र' होकर अन्त में चला गया है और ग + ह = घ होकर 'घर' बना है। 'नग्न' में अन्तिम 'न' के बीच में आने से 'नंगा' बन गया है। 'जिह्वा' में 'व' 'ब' होकर 'ह' के पूर्व आ गया है और ब + ह = भ होने से 'जीभ' हो गया है।

उर्दू के फ़लीता, तग़मा, लहमा, मुचल्का तथा बर्फ़ आदि शब्द भी विपर्ययग्रस्त हैं। इनके शुद्ध शब्द क्रमश: फ़तीलह, तमग़ा, लमहा, मुकल्चह, तथा बफ़् र हैं। इनमें दो शब्दों (बर्फ़ तथा मुचल्का) का तो वे मौलवी भी प्रयोग करते हैं, जिनका शीन-काफ बहुत दुरुस्त है तथा जो हत्तुलइमकान अशुद्ध शब्द नहीं बोलते। उन्हें क्या पता कि भाषा की कुछ स्वाभाविक

अशुद्धियाँ जीवन में इतना घर कर जाती हैं कि उनसे पीछा छुड़ाना कठिन ही नहीं अपितु असम्भव हो जाता है।

ग्रामीण तथा अशिक्षित लोगों की बोली में उलटे-पुलटे या विपर्ययग्रस्त शब्दों की संख्या और भी बड़ी है। 'डूबना' आज का शुद्ध शब्द है, पर ग्रामीण बोलियों में 'बूड़ना' का प्रयोग चलता है। जायसी ने कई सौ वर्ष पूर्व लिखा था :

कुम्भकरन कइ खोपड़ी बूड़त बाँचा भीउँ।

इसका आशय यह है कि आज देहातों में प्रचलित 'बूड़ना' शब्द ही अधिक प्राचीन है और 'डूबना' जो आज का साहित्यिक शब्द है, उसका विपर्ययग्रस्त रूप है।

अंग्रेज़ी के भी बहुत-से शब्द भारत में, विशेषत: ग्रामीण जनता में, विपर्ययग्रस्त हो गए हैं। 'सिगनल' से 'सिंगल', 'डेस्क' से 'डेक्स' तथा 'कनेक्शन' से 'कनस्कन' इसके अच्छे उदाहरण हैं। पर इसका बदला अंग्रेज़ों ने भी लिया है। अंग्रेज़ों ने 'मथुरा' का 'मुत्रा', 'जमुना' से 'जुमना' तथा 'देहली' से 'डेलही' कर दिया है। प्राचीन हिन्दी 'कछु' से आधुनिक हिन्दी 'कुछ' या 'खुरदा' से 'ख़ुदरा' भी इसी प्रकार के उदाहरण हैं।

विपर्यय या शब्दों के उलटने के एक विशेष प्रकार को अंग्रेज़ी में 'स्पूनरिज़्म' कहते हैं। ऑक्सफ़र्ड के प्रो. स्पूनर के नाम पर यह शब्द बना है। स्पूनर साहब से बोलने में एक ग़लती प्राय: हो जाती थी। वे दो या अधिक शब्दों की आरम्भिक ध्वनियों में उलट-फेर कर जाते थे। उदाहरणार्थ एक बार क्लास में नाराज़ होकर उन्होंने अपने छात्रों से कहा, you have tasted a whole worm. वस्तुत: वे कहना चाहते थे, you have wasted a whole term. ऐसे ही एक बार उन्होंने दुकानदार से कहा, Give me a well-boiled icycl. वे कहना चाहते थे, give me a well oiled cycle. बदनाम अगर होंगे तो क्या नाम न होगा? तो स्पूनर साहब बदनाम तो हुए

पर उसी बदनामी से उनका नाम 'स्पूनरिज़्म' शब्द के माध्यम से अमर हो गया। हिन्दी में इस प्रवृत्ति को आद्यशब्दांश विपर्यय कह सकते हैं। इसका शब्दों पर स्थायी प्रभाव नहीं पड़ता। हिन्दी में एक कल्पित उदाहरण हो सकता है : 'आओ चर घलें' ('आओ घर चलें' के लिए)। वस्तुतः बोलने की जल्दी में मानसिक अव्यवस्था से यह हो जाता है, किन्तु इसकी प्रवृत्ति कुछ ही लोगों में मिलती है।

तो, इस तरह हमने देखा कि शब्द भी उलटते हैं।

शब्द बोलते हैं

शब्दों के मुँह तो नहीं होता, किन्तु वे बोलते हैं। जी हाँ, बिना मुँह के बोलते हैं। किन्तु हाँ, सभी लोग उनकी आवाज़ नहीं सुन सकते। रेडियो-स्टेशनों से प्रसारित कार्यक्रमों को कर्णगत करने के लिए जिस प्रकार विशेष कान या रेडियो-सेट की आवश्यकता पड़ती है, उसी प्रकार शब्दों की बातें सुनने के लिए कुछ अध्ययन और उससे अधिक अभ्यास की आवश्यकता पड़ती है। इस अभ्यास के बाद आप देखेंगे कि शब्द बोलते ही नहीं, ख़ूब बोलते हैं।

एक बात और। शब्दों का बोलना निरर्थक नहीं होता। वे आपको संस्कृति, इतिहास, समाज, धर्म तथा लोगों के विश्वास आदि से सम्बन्धित अनेक बातें बतलाते हैं। ऐसी-ऐसी बातें जो अन्यत्र नहीं मिल सकतीं। आप किसी पुस्तक या व्यक्ति की बात झूठी ठहरा सकते हैं, पर किसी शब्द द्वारा कही गई बात को काटने या झूठी ठहराने की आपमें हिम्मत नहीं। यदि कोशिश भी करें तो कृतकार्य नहीं हो सकते, क्योंकि शब्द बेचारे झूठ बोलना जानते ही नहीं। आपके साथ रहकर भी वे आपकी इस बुराई से अछूते हैं। इसी कारण पूर्व-ऐतिहासिक काल की संस्कृति आदि के अध्ययन के लिए अब शब्दों का सहारा लिया जाने लगा है।

इसके अतिरिक्त शब्द आपको तरह-तरह की कहानियाँ सुनाकर आपका मनोरंजन भी करते हैं—किसी भी खेल-तमाशे से अधिक। यदि आपने शब्दों से बात सुनना सीख लिया तो आप कभी भी एकाकीपन की मनहूसियत का अनुभव न करेंगे। आपके पास कोई व्यक्ति न हो, कोई मनोरंजन का साधन न हो, कोई पुस्तक न हो, आप शब्दों के संसार में प्रवेश कीजिए, वे आपका बराबर साथ देंगे। आपके लिए वे एक ही साथ व्यक्ति, पुस्तक और मनोरंजन का साधन सभी कुछ बन जाएँगे। उनकी यह महत्ता, उदारता और परोपकारिता है।

शब्द बोलते तो सभी हैं, पर जिस प्रकार सभी व्यक्ति बात करने लायक़ नहीं होते और सभी पुस्तकें पढ़ने योग्य नहीं होतीं, वैसे ही सभी शब्दों से बातें करना या उनका बोलना बहुत सार्थक नहीं होता। यहाँ कुछ चुने हुए शब्दों का बोलना हम लोग सुनेंगे।

संस्कृत का एक शब्द है **गोघ्न**। 'गोघ्न' का अर्थ 'अतिथि' होता है। अब ज़रा इसके धात्वर्थ पर ध्यान दीजिए। इसमें गो (गाय) और घ्न (मारना) दो शब्द हैं। 'पद्मचन्द्रकोष' में इसका अर्थ है 'गौर्हन्यते यस्मै' अर्थात् जिसके लिए 'गौ' मारी जाती है। इस प्रकार यह शब्द आपसे बोल रहा है या कह रहा है कि प्राचीन काल में भारत में एक समय ऐसा भी था जब अतिथियों के स्वागत के लिए गायें मारी जाती थीं। बाद के साहित्य में गाय के लिए **अघ्न्या** शब्द मिलता है। 'अघ्न्या' का अर्थ है 'न मारने योग्य'। इन दोनों शब्दों द्वारा बतलाई गई बातों के आधार पर लगता है कि पहले लोग गो-भक्षण करते थे और विशेषत: अतिथियों के आने पर उनका स्वागत 'गो-मांस' से होता था। इसी कारण अतिथि का पर्याय 'गोघ्न' हुआ। पर, बाद में खेती तथा दूध आदि की दृष्टि से उसे उपयोगी समझकर उसका वध बन्द किया गया और तब गाय का नाम 'अघ्न्या' पड़ा। स्वयं 'अघ्न्या' शब्द भी इसी ओर संकेत करता है कि गाय कभी 'घ्न्या' भी थी। इस प्रकार 'गोघ्न' और 'अघ्न्या' शब्द आपकी पुरानी संस्कृति के विषय में बड़ी विचित्र बात बतलाते हैं।

यों, इस बात के और भी प्रमाण मिलते हैं कि अतिथियों के सत्कार के लिए प्राय: महोक्ष (बड़े बैल) मारे जाते थे।[1] साथ ही विद्वान् पुत्र पाने के लिए लोग मांसोदन घी के साथ गाय या भेड़ का मांस खाते थे।[2]

यह तो रही शब्दों में सांस्कृतिक इतिहास की बात। वस्तुओं के प्रयोग की दृष्टि से 'गेहूँ' के बहुत-से पर्यायों में से 'गोधूम', 'बहुदुग्ध' तथा 'यवनप्रिय' तीन शब्द लीजिए। 'गोधूम' (गो + धूम) शब्द संकेत करता है कि कभी गायों को गेहूँ के सूखे पौधों से धुआँ दिया जाता था। अब भी देहात में पशुओं को मच्छर से बचाने के लिए सूखी घास या भूसे आदि का धुआँ देते हैं। 'बहुदुग्ध' शब्द बतलाता है कि शायद बाद में गायों को 'गोधूम' के हरे या सूखे पौधे चारे के रूप में दिये जाने लगे और इससे उनके दूध में वृद्धि हुई, अत: 'गोधूम' के अतिरिक्त इस पौधे को 'बहुदुग्ध' भी कहा जाने लगा। आगे चलकर आर्यों ने देखा कि यवन लोग इस पौधे के अन्न को खाते हैं और बड़े प्रेम से खाते हैं तो उन्होंने इसे 'यवनप्रिय' कहा। गेहूँ के 'यवनभोज्य' तथा 'म्लेच्छभोजन' नाम भी मिलते हैं, जो इस अनुमान की और भी पुष्टि करते हैं। बाद में शायद 'यवनों' या 'म्लेच्छों' के ही अनुकरण पर आर्यों ने इसे खाना शुरू किया। खाद्यान्नों में इसे देर से स्वीकृति मिली, इसीलिए आर्यों की पूजा आदि में जो स्थान जव या चावल को है, इसे नहीं है। इस प्रकार हम देखते हैं कि इन शब्दों ने आर्यों में 'गेहूँ' के प्रयोग का पूरा इतिहास ही हमारे सामने स्पष्ट कर दिया।

कुछ शब्द हमारे पूर्वजों के विश्वास, अन्धविश्वास तथा उनके ज्ञान की सीमाओं को स्पष्ट कर देते हैं। पृथ्वी के कुछ पर्यायों को लीजिए। इसका एक प्राचीन नाम 'अचला' (न चलनेवाली) मिलता है। इसका आशय यह है कि एक समय—शायद आरम्भ में—आर्य लोग

---

1. भारत की प्राचीन संस्कृति—डॉ. रामजी उपाध्याय, प्रथम संस्करण, पृ. 70
2. बृहदारण्यक उपनिषद्, 6-4-18

'पृथ्वी' को स्थिर और न चलनेवाली मानते थे।[1] इसका दूसरा नाम 'गो' (जो चले) मिलता है। यह शब्द बतलाता है कि बाद में लोग 'पृथ्वी' को 'अचला' के स्थान पर 'चला' मानने लगे अर्थात् पृथ्वी की गति का उन्हें पता चल गया। इस ज्ञान के बाद ही भारतीय ज्योतिष में प्रगति प्रारम्भ हुई होगी। पृथ्वी का एक नाम 'मेदिनी' भी है। 'मेदिनी' उसे कहते हैं जो चरबी (मेद) से उत्पन्न हो। इसका अर्थ यह है कि कभी आर्यों को यह भी विश्वास था कि पृथ्वी चरबी से उत्पन्न हुई है।[2]

कौए के बहुत-से नामों में 'एकाक्ष' या 'एकनयन' भी है। इसका आशय यह है—या ये शब्द यह बोल रहे हैं—कि कभी हमारे पूर्वजों का विश्वास था कि कौए के केवल एक आँख होती है। 'एकाक्ष' और 'एकनयन' शब्दों का यह बोलना 'बावन तोले पाव रत्ती' ठीक है। उस प्राचीन विश्वास की परम्परा अब भी देहातों में है[3] और वहाँ अब भी लोग इस विश्वास को सत्य मानते हैं। इसके अतिरिक्त अपना प्रसिद्ध न्याय 'काकाक्षिगोलक न्याय' भी पूर्वजों के इस विश्वास की गवाही देता है। इस प्रकार ये शब्द प्राचीन आर्यों के विश्वास की यह विचित्र कहानी युग-युग तक कहते रहेंगे।

'चन्द्रमा' के कुछ पर्यायों को लीजिए। 'मृगांक', 'एणांक' (एण = काला हिरण) तथा 'मृगलांछन' आदि शब्द बतलाते हैं कि आर्य चन्द्रमा के अंक के काले धब्बे को 'हिरण' या 'काला हिरण' मानते थे। 'शशांक', 'शशि' या 'शशलांछन' शब्द बतलाते हैं कि वे उसे ख़रगोश (शश) भी मानते थे। 'अज' शब्द बतलाता है कि चन्द्रमा को वे लोग न

---

1. पृथ्वी के **निश्चला** तथा **स्थिरा** नाम भी उसी काल के हैं और वे भी इसी बात की पुष्टि करते हैं।
2. एक पौराणिक उपाख्यान के अनुसार पृथ्वी मधु और कैटभ राक्षसों की चरबी से उत्पन्न हुई थी।
3. देहातों में लोग मानते हैं कि कौए के अक्ष-गोलक दो होते हैं, पर पुतली एक ही रहती है जो बारी-बारी से दोनों में जाती है।

जन्मनेवाला मानते थे। यह शायद बहुत पहले विश्वास था। बाद का चन्द्रमा का एक नाम 'अत्रिजात' या 'अत्रिनेत्रज' मिलता है। इससे यह पता चलता है कि बाद में आर्यों का यह विश्वास हो गया कि चन्द्रमा अत्रि मुनि की आँख से निकला है। यह नाम हमें उस पौराणिक कथा की याद दिलाता है जिसके अनुसार 'अत्रि' मुनि ने एक बार पुत्र-प्राप्ति के लिए तपस्या की थी, जिसके फलस्वरूप उनकी आँख से उनके पुत्र-रूप 'चन्द्रमा' का जन्म हुआ था।

'चन्द्रमा' के 'सिन्धुज' तथा 'सिन्धुजन्मा' आदि नाम भी मिलते हैं। इन शब्दों के अनुसार आर्य 'चन्द्रमा' को सिन्धु से उत्पन्न मानते थे। स्पष्ट ही यह विश्वास समुद्र-मन्थन नामक पौराणिक आख्यान पर आधारित है। चन्द्रमा का 'समुद्रनवनीत' (नवनीत मथने पर निकलता है) नाम समुद्र-मन्थन को और भी स्पष्ट कर देता है। यों कुछ वैज्ञानिक मानते हैं कि चन्द्रमा पृथ्वी का ही एक वह अंश है, जो उसमें से निकल गया और अब पृथ्वी के चारों ओर घूम रहा है। साथ ही उसके 'पृथ्वी' में से निकलने से जो गर्त बना वही पानी भरने पर समुद्र हो गया। यदि वह तथ्य सचमुच वैज्ञानिक है तो 'सिन्धुजन्मा' यह भी बतलाता है कि हमारे पूर्वज प्राचीन आर्य भी इस वैज्ञानिक तथ्य से अवगत थे।

आजकल 'श्मशान' उस स्थान को कहते हैं जहाँ मुरदे जलाए जाते हैं, किन्तु स्वयं 'श्मशान' शब्द कुछ और बातें बतलाता है। आचार्य क्षितिमोहन सेन ने अपनी पुस्तक 'भारतीय संस्कृति' में लिखा है कि 'श्मशान' (शेरते यत्र शवा:) शब्द का धात्वर्थ हमें बतलाता है कि 'श्मशान' मुरदा गाड़ने का स्थान था न कि जलाने का। यास्क ने अपने निरुक्त में भी 'श्मशान' का धात्वर्थ दिया है 'शरीर के लेटने की जगह'। अत: 'श्मशान' शब्द यह बतलाता है कि हिन्दू पहले मुरदे जलाते नहीं थे, अपितु मुसलमानों और ईसाइयों की भाँति गाड़ते थे। आजकल विद्वान अन्य आधारों पर भी इसी निष्कर्ष पर पहुँचे हैं कि आर्य पहले मुरदे गाड़ते थे। मुरदा जलाने की प्रथा उन्होंने अनार्यों से बाद में ग्रहण की।

खाने के तम्बाकू का एक नाम 'सुर्ती' है। 'सुरती' या 'सुर्ती' शब्द पर ध्यान दीजिए। इसका अर्थ है 'सूरत की'। शब्द बतला रहा है कि यह 'सूरत' नगर से आई। तथ्य यह है कि तम्बाकू का पुर्तगालियों के साथ भारत में प्रवेश हुआ और उनका प्रधान स्थान 'सूरत' शहर था। इसी कारण 'सूरत' शहर से आनेवाली चीज़ 'सूरत की' या 'सुर्ती' कहलाई। देखिए, अपने आदि-स्थान के सम्बन्ध में यह शब्द कितने पते की बात बतला रहा है!

मोटे रूप में यहाँ चीनी तीन प्रकार की होती है। कच्ची चीनी को 'शक्कर' कहते हैं। 'शक्कर' शब्द संस्कृत 'शर्करा' से निकला है, अतः निश्चय ही चीनी का यह रूप भारतीय है। 'चीनी' उस चीनी को कहते हैं जो सफ़ेद होती है। जैसा कि 'चीनी' शब्द बतला रहा है कि 'चीनी' का यह रूप सर्वप्रथम भारत में चीन से आया और उन्हीं लोगों से सम्भवतः भारतीयों ने इस प्रकार की चीनी बनाना सीखा। चीनी का एक तीसरा नाम 'मोरस' भी कहीं-कहीं मिलता है। भोजपुरी में पहले रवेदार सफ़ेद चीनी को 'मोरस' ही कहते रहे हैं। 'मोरस' शब्द 'मॉरिशस' का बिगड़ा हुआ रूप है। यहाँ 'मोरस' शब्द स्पष्ट कह रहा है कि इस प्रकार की चीनी भारत में पहले मॉरिशस से आती थी। कुछ दिन पूर्व के व्यापारिक भूगोल में भी यही बात मिलती है।

मिठाई बनाने या बेचनेवाले को 'हलवाई' कहते हैं। 'हलवाई' शब्द 'हलवा' से बना है और इस प्रकार 'हलवा' बनानेवाला ही मूलतः 'हलवाई' है। किन्तु हलवाई सभी मिठाइयाँ बनाता है। इसका अर्थ यह है कि मूलतः 'हलवा' सभी प्रकार की मिठाइयों को कहते थे। अरबी, फ़ारसी में अब भी यह शब्द सभी प्रकार की मिठाइयों के लिए प्रयुक्त होता है। आज हलवा का अर्थ केवल 'हलवा' है, यह बाद का विकास है।

'स्याही' रोशनाई का प्रचलित नाम है। 'स्याह' फ़ारसी शब्द है और इसका अर्थ 'काला' होता है। यहाँ यह शब्द स्पष्टतः बतला रहा है कि आरम्भ में 'स्याही' केवल काले रंग की होती थी। नीली, हरी आदि का विकास बाद में हुआ।

'श्रुति' वेद का नाम है, पर 'श्रुति' का धात्वर्थ है 'श्रवणेन्द्रियजन्य ज्ञान'। इस प्रकार 'श्रुति' शब्द बतलाता है कि वेद पहले पढ़े नहीं अपितु सुने जाते थे। यह कहा भी जाता है कि पहले वेदों की लिखित परम्परा नहीं थी। गुरु लोगों से सुनकर शिष्य लोग इन्हें याद कर लेते थे और फिर वे लोग अपने शिष्यों को सुनाकर कंठाग्र कराते थे। इस प्रकार श्रुति-रूप में ही वेदों की परम्परा थी।

'काग़ज़' को 'पत्र' (काग़ज़-पत्तर) भी कहते हैं। 'पत्र' का मूल अर्थ 'पत्ता' है, अतः स्पष्ट है कि पहले पत्ते पर लिखते थे। कहना न होगा कि आज भी सहस्रों पुराने ग्रन्थ 'तालपत्र' आदि पर लिखे मिलते हैं।

'लोटे' के साथ अपने यहाँ एक बरतन 'गिलास' चलता है। इसका मूल अंग्रेज़ी शब्द 'ग्लास' (शीशा) है। इस स्थिति से यह अनुमान लगता है कि यहाँ पहले-पहल शीशे के ही 'गिलासों' का प्रचार हुआ। बाद में धीरे-धीरे 'धातु', 'प्लास्टिक' आदि के 'गिलास' बनने लगे।

अंग्रेज़ी में क़लम को 'पेन' (Pen) कहते। 'पेन' शब्द लैटिन शब्द 'पेन्ना' (Penna) से बना है, जिसका अर्थ 'पंख' होता है। यह शब्द स्पष्ट कह रहा है कि पहले 'क़लम' पंख की बनती थी। यह परम्परा भारत में भी रही है। बहुत-सी पुरानी तसवीरों में पंख की क़लमें आज भी दिखाई देती हैं।

'दुहिता' का अर्थ पुत्री या लड़की होता है, पर इसका धात्वर्थ 'दूध दुहनेवाली' होता है। इसका आशय यह है कि पहले घर में प्रायः लड़कियाँ ही दूध दूहती थीं।

'ननद' शब्द संस्कृत शब्द 'ननन्द' से निकला है। 'ननन्द' का अर्थ है 'जो प्रसन्न न हो'। आज भी 'ननद' और 'भावज' में प्रायः यही व्यवहार रहता है। भावजों के बहुत-कुछ करने पर भी ननदें उनसे प्रसन्न नहीं रहतीं। यह शब्द बतला रहा है कि ननद और भावजों का यह व्यवहार या सम्बन्ध अत्यन्त प्राचीन काल से चला आ रहा है।

अंग्रेज़ी का 'पेपर' (Paper) शब्द लैटिन शब्द 'पेपीरस' (Papyras)

से निकला है। Papyras एक घास का नाम है। इस प्रकार यह स्पष्ट हो जाता है कि पहले काग़ज़ इसी घास से बनाया जाता था।

मुसलमान लोग अमुसलमान लोगों को 'क़ाफ़िर' कहते हैं। इसी कारण उनके शब्दों में हिन्दू भी 'क़ाफ़िर' हैं। इसके साथ ही लोग यह भी समझते हैं कि 'क़ाफ़िर' शब्द गन्दा है और अमुसलमानों को 'क़ाफ़िर' नाम देने में मुसलमानों का कोई बुरा ख़याल था। आज मुसलमान लाख कहें कि आपको 'क़ाफ़िर' कहने में हम लोगों का कोई गन्दा ख़याल न था तो हम-आप न मानेंगे, पर जब 'क़ाफ़िर' शब्द स्वयं बोल रहा है तो मानना ही पड़ेगा। 'क़ाफ़िर' के लफ़्ज़ी माने है 'इनकार करनेवाला'। इस प्रकार जिन लोगों ने मुसलमान होना अस्वीकार किया वे लोग अरबी में 'क़ाफ़िर' कहे गए। ज़ाहिर है कि अमुसलमानों का मुसलमानों द्वारा 'क़ाफ़िर' कहा जाना इस रूप में ठीक ही है। तत्त्वतः एक 'ईसाई' के लिए सभी 'अईसाई' क़ाफ़िर हैं और हिन्दू के लिए सभी अहिन्दू भी।

कुछ थोड़े-से शब्दों का बोलना यहाँ हमने सुना। कहना न होगा कि शब्दों का बोलना मनोरंजक तो है ही, साथ ही सुननेवालों के लिए बड़ा ज्ञानवर्धक भी है। यदि किसी भाषा के सारे शब्दों को इस दृष्टि से छान डाला जाए तो उसके बोलनेवालों के विषय में बहुत-सी ऐसी महत्त्वपूर्ण बातें सामने आ सकती हैं जो किसी और प्रकार से स्पष्ट ही नहीं हो सकतीं।

शब्द मनोरंजक होते हैं

आपने देखा होगा, कुछ व्यक्ति बड़े मनोरंजक होते हैं, ठीक उसी प्रकार कुछ शब्द भी बड़े मनोरंजक होते हैं। आप उन्हें ज़रा-सा छेड़िए, वे आपका मनोरंजन करने लगेंगे—अपनी आन्तरिक बनावट से, अर्थ की विचित्रता से, व्युत्पत्ति से...।

'बमपुलिस' हिन्दी का एक प्रचलित शब्द है। विशेषत: उत्तर भारत के लगभग सभी नगरों में इसका प्रयोग सर्वसाधारण तथा बड़े दोनों ही स्तरों के लोगों द्वारा किया जाता है। 'बमपुलिस' उस पाख़ाने को कहते हैं, जो म्युनिसिपैलिटी या कॉरपोरेशन की ओर से बनवाया जाता है और जिसकी सफाई आदि का प्रबन्ध भी उसी की ओर से होता है। यह सार्वजनिक स्थान है और इसका उपयोग सभी कर सकते हैं। इसमें दो शब्द हैं। प्रथम शब्द 'बम' का तो इस प्रसंग में कुछ विशेष अर्थ नहीं लगता, पर दूसरे शब्द 'पुलिस' का अर्थ सिपाही हो सकता हैं। लोगों का ऐसा ख़याल है कि इसकी देख-रेख म्युनिसिपैलिटी करती है और यदि कोई इसका दुरुपयोग करे तो पुलिस पकड़ लेती है, अत: इसके साथ का 'पुलिस' शब्द कुछ इसी भावना का द्योतक है। पर इस प्रचलित धारणा को मान लेने पर भी सन्तोषजनक

समाधान नहीं होता। इसकी ठीक व्युत्पत्ति के सम्बन्ध में एक बड़ी मनोरंजक और मज़ेदार बात है। ईस्ट इंडिया कम्पनी जब भारत में काम करने लगी तो उसे एक फ़ौज भी मँगानी पड़ी। फ़ौज में प्रधानत: इंग्लैंड के निम्न स्तर के लोग थे। ये सिपाही अपने सामूहिक पाख़ानों को मज़ाक़ में **बम प्लेस** (Bomb place = बम छोड़ने की जगह या बम की-सी आवाज़ करने की जगह) कहा करते थे। उस समय यह शब्द निम्न वर्ग के सिपाहियों में ही प्रचलित था और वह भी केवल मज़ाक़ का शब्द था। शायद उसी तरह, जैसे कुछ दिन पहले हॉस्टल के विद्यार्थी पाख़ाने को **बड़ी विलायत** और पेशाबघर को **छोटी विलायत** कहा करते थे। धीरे-धीरे वह मज़ाक़ का **बम प्लेस** ही सर्वसाधारण में प्रचलित हो गया। पहले इसके साथ कुछ विनोदपूर्ण अश्लीलता के भी भाव थे, पर अब व्युत्पत्ति भूल जाने के कारण उसकी कोई गन्ध शेष नहीं है। हाँ, **बम प्लेस** का **प्लेस** शब्द ध्वन्यात्मक समानता तथा **पुलिस** शब्द के अधिक प्रचलन के कारण **पुलिस** बन गया और इस प्रकार **बम प्लेस** बेचारा **बम पुलिस** हो गया है।

कलदार रुपये को कहते रहे हैं। 'भज गोविन्दं, भज गोविन्द, गोविन्दं भज मूढ़मते' की नक़ल पर 'भज कलदारं, भज कलदारं, कलदारं भज मूढ़मते' भी प्रसिद्ध है। यों इसकी व्युत्पत्ति समझ में नहीं आती। बात यह है कि लॉर्ड कार्नवालिस के समय में जब यहाँ रुपया चला तो लोगों ने सुना कि अंग्रेज़ किसी मशीन या कल से रुपया बनाते हैं। इसी आधार पर लोगों ने रुपये को **कलदार** (कलवाला) कहना शुरू किया। अब यह शब्द अपेक्षाकृत कम प्रयोग में आता है।

गाज़ीपुर ज़िले में गंगा के दाहिने किनारे पर एक गाँव **रेवतीपुर** है। यह गाँव यदि संसार का सबसे बड़ा गाँव नहीं तो कम-से-कम सबसे बड़े गाँवों में से एक तो अवश्य है। यों **रेवतीपुर** शब्द पर ध्यान देने से यही अनुमान लगता है कि जैसे भारत के अनेक ग्राम तथा नगर के नामों में पुर लगा है, इसमें भी है और **रेवती** शायद किसी आदमी का नाम था जिसने इसे बसाया

या बलराम की पत्नी **रेवती**, केवल मनु की माता **रेवती** तथा दुर्गा का एक नाम **रेवती** आदि में किसी **रेवती** का वहाँ से कोई सम्बन्ध है। किन्तु यथार्थतः बात कुछ और ही है। पहले गंगा नदी वहीं बहती थी। बाद में वहाँ रेत पड़ गया और धीरे-धीरे गंगा की उपजाऊ मिट्टी वहाँ पड़ने लगी। इस प्रकार वह स्थान काफ़ी उपजाऊ हो गया। फलत: लोग वहाँ आकर बसने लगे। चूँकि वहाँ **रेत** या **रेती** (बालू) थी, अत: वहाँ के बसनेवाले **रेती पर** बसे कहे जाने लगे। इस प्रकार उस स्थान या गाँव का नाम ही **रेतीपर** पड़ गया और बाद में और **पुर** वाले नामों के सादृश्य पर बिगड़कर यह **रेतीपुर** और फिर **रेवतीपुर** हो गया। आज उसे देखकर कोई नहीं कह सकता कि कभी यह गाँव रेत या बालू से पूर्ण रहा होगा।

प्रयाग से सुलतानपुर की ओर चलें तो एक स्टेशन **कूड़ेभार** पड़ता है। कुछ लोग इसे **कूरेभार** भी कहते हैं। नाम सुनकर उस गाँव पर दया आती है। इससे बुरा और रद्दी नाम संसार में शायद ही किसी गाँव का हो। **कूड़ा** (कूड़ा-करकट या रद्दी) तथा **भाड़** (वही भाड़ जिसके विषय में कहा जाता है—'भाड़ में जाओ, मुझसे क्या मतलब') दोनों एक-से-एक बुरे! किन्तु यथार्थता यह है कि इस गाँव का जितना सुन्दर और कलात्मक नाम था उतना शायद ही किसी दूसरे गाँव का हो! न भी हो तो आश्चर्य नहीं। इसके नाम के विषय में कहा जाता है कि बहुत दिन पहले कभी अवध के कोई नवाब उसी रास्ते से होकर निकले थे और दो-एक दिन के लिए वहाँ उनका पड़ाव पड़ा था। नवाब साहब के साथ के किसी शायर ने या ख़ुद नवाब साहब ने उस स्थान से प्रसन्न होकर उसका नाम **कूचे बहार** (बहार की गली) रख दिया। बाद में वहाँ एक बस्ती बसी जो **कूचे बहार** के नाम से पुकारी जाने लगी। कौन जानता था कि भाषा का ध्वनि-परिवर्तन बेचारे की यह दुर्दशा कर डालेगा!

आज़मगढ़ ज़िले में एक स्थान है **जीयनपुर**। इस नाम को ऊपर से देखने में लगता है कि यह गाँव किसी **जीयन** नामक व्यक्ति का बसाया हुआ

पुर लगता है और इस प्रकार इसका इतिहास भी बहुत सुन्दर नहीं है। आख़िर **जीयन** भी कोई नाम है! किन्तु तथ्य यह है कि इसका नाम बड़ा ही सुन्दर था, और अंग्रेज़ों ने इसका सारा सौन्दर्य छीन लिया। इसका मूल पुराना नाम **ज्ञानानन्दपुर** था। अंग्रेज़ी में **ज्ञानानन्दपुर** विशुद्ध रूप में तो Jnananandpur लिखा जाएगा किन्तु अंग्रेज़ों ने 'मथुरा' को **मुत्रा,** 'लखनऊ' को **लकनाउ** तथा 'बनारस' को **बेनारेस** लिखने की भाँति इसे भी Gyananandpur लिखा। नाम बड़ा था, अतः उच्चारण की असुविधा से बचने के लिए. इसे संक्षिप्त करके जी.एन. पुर (G.N. Pur) किया। बाद में जी. और एन. मिलकर 'जीयन' हो गए और अब यह **जीयनपुर** है। सरकारी काग़ज़ों के अतिरिक्त आसपास के लोग भी उसे अब इसी नाम से पुकारते हैं। वहाँ के लोग जो इस बात से अपरिचित हैं भला क्या जानते हैं कि उनके स्थान का नाम कभी ज्ञान और आनन्द से भरा था!

हिन्दी का एक बहुत प्रचलित शब्द **मधुर** है, जिसका अर्थ मीठा होता है। मधुर फल, मधुर बात, मधुर स्मृति, मधुर व्यक्तित्व तथा मधुर वायु आदि इसके अनेक प्रयोग चलते हैं। इन सभी प्रयोगों में इसका अर्थ अच्छा या मीठा या प्रिय आदि ही होता है। यही **मधुर** शब्द हिन्दी की कुछ बोलियों (अवधी, भोजपुरी आदि) में **माहुर** हो गया है, जिसका अर्थ **ज़हर** होता है। इतने मधुर तथा प्रिय शब्द का विकसित अर्थ इतना अमधुर तथा अप्रिय कैसे हो गया यह समझ में नहीं आता। आश्चर्य इस बात पर भी होता है कि तुलसीदास आदि में ये दोनों ही शब्द मिलते हैं :

दानव देव ऊँच अरु नीचू। अमिय सजीवन ***माहुर*** *मीचू।*

तथा

रघुपति चरन हृदय धरि तात ***मधुर*** *फल खाहु।*

यहाँ एक अनुमान यह लगता है कि आज के विज्ञान ने यह सिद्ध कर दिया

है कि ज़हर अत्यन्त मीठा होता है। शायद इसी सम्बन्ध ने **मधुर** बेचारे को **माहुर** बना दिया है।

अक्षर शब्द लीजिए। यों तो उसका अर्थ **न नष्ट होनेवाला** ब्रह्म तथा आत्मा आदि बहुत-कुछ होता है किन्तु साधारणत: **अक्षर** से हम लोग **हरफ़** या **वर्ण** आदि का अर्थ लेते हैं। यही **अक्षर** शब्द अपना **न नष्ट होनेवाला** अर्थ लेकर बनता-बिगड़ता **अक्खड़** बन गया है, जिसका अर्थ कट्टर तथा हठी आदि होता है। कहाँ तो **अक्षर** जैसा अनक्खड़ शब्द जिसकी सहायता से भला-बुरा जो भी चाहें लिखें और कहाँ वह **अक्खड़** बन गया, जिसके आगे बड़ों को भी झुकने की नौबत आ जाए।

संस्कृत का एक शब्द है **क्षीर,** जिसके यों तो कई अर्थ होते हैं किन्तु प्रमुख अर्थ **दूध** है। **क्षीर** शब्द ही विकसित होकर या विकृत होकर **खीर** हो गया है, जिसमें **क्षीर** के अतिरिक्त चावल, चीनी, केवड़ा तथा मेवा आदि भी पड़ता है। चावल की जगह पर मखाना, उड़द की दाल, सूजी आदि अनेक अन्य चीज़ें भी हो सकती हैं। यह सौभाग्य की ही बात है कि जरा-से ध्वनि-परिवर्तन से **क्षीर** को चीनी तथा मेवा आदि इतनी अच्छी चीज़ों की प्राप्ति हो गई। **क्षीर** की विकास-यात्रा यहीं नहीं रुकी है। भोजपुरी में वह **खीर** से भी आगे बढ़कर **बखीर** हो गया है। यहाँ आश्चर्य और मनोरंजक बात है कि **क्षीर** बेचारा 'खीर' बना तो अन्य चीज़ों के साथ उसमें 'क्षीर' (दूध) भी था, पर 'बखीर' में तो 'क्षीर' (दूध) की एक बूँद भी नहीं पड़ती। यह केवल चीनी, पानी और चावल से पकाई जाती है। इसे एक प्रकार का मीठा गीला भात समझिए। बेचारे 'क्षीर' की इस विचित्र गति पर आश्चर्य के साथ दु:ख भी होता है कि उसे यहाँ आकर अपना नाम एक ऐसी वस्तु के लिए देना पड़ा जिससे उसका कोई सम्बन्ध नहीं, जिसमें उसका अस्तित्व लेश-मात्र भी नहीं।

उर्दू का एक शब्द **बुत** है, जिसका अर्थ मूर्ति होता है। आजकल यह हिन्दी में भी प्रयुक्त होने लगा है। लोग 'क्या मूर्तिवत् बैठे हो' के स्थान पर

'क्या बुत की तरह बैठे हो' कहना अधिक पसन्द करते हैं। **धर्मयुग** के 1951 के **दीपावली**-अंक में 'शब्दों के भीतरी-रहस्य' शीर्षक लेख में डॉक्टर हेमचन्द्र जोशी ने **बुत** को अरबी का शब्द माना है। पर, जहाँ तक मैं समझता हूँ यह शब्द अरबी का न होकर फ़ारसी का है। फ़ारसी के अधिकारी कोषकार स्टेंगस तथा हिन्दुस्तानी के कोषकार शेक्सपीयर आदि ने भी इसे फ़ारसी ही माना है। बुद्ध-धर्म जब फारस में पहुँचा और वहाँ बुख़ारा आदि के बौद्ध विहारों में बुद्ध की मूर्तियाँ बनीं तो चूँकि वे ही पहली मूर्तियाँ थीं जो उन अमूर्तिपूजकों के सामने आई थीं, अतः वे लोग मूर्ति को ही **बुद्ध** या **बुत**—'बुद्ध' का ही बिगड़ा रूप—कहने लगे। इस प्रकार मूर्ति के लिए 'बुत' शब्द चल पड़ा। **बुद्ध** बेचारे **बुत** हो गए। फ़ारसी से यह शब्द अरबी में भी गया।

संस्कृत में **वाटिका** का अर्थ **बाग** या **बगीचा** होता है। भोजपुरी तथा अवधी आदि बोलियों में यह **बारी** हो गया है जिसका अर्थ **बाग** ही है। हिन्दी 'खेती बाड़ी' में भी यही है। बँगला में यह शब्द **बाड़ि** या **बाड़ी** हो गया है जिसका अर्थ घर होता है। भला देखिए न, कहाँ तो **बाग** और कहाँ **घर**! असम्भव नहीं कि प्रारम्भ में बगीचे में बने घर को बाड़ी कहते रहे हों।

उर्दू-हिन्दी का एक शब्द है **जशन**। इसका अर्थ आनन्द, उत्सव या जलसा आदि होता है। मूलतः यह शब्द फ़ारसी का है और वहाँ पुरानी फ़ारसी में इसका रूप **यश्न** है। भारतीय आर्य और ईरानी एक ही परिवार के थे और दोनों ही **यज्ञ** करते थे। यह **यज्ञ** शब्द ही भारतीयों में तो **यज्ञ** था और ईरानियों में **यश्न** हो गया। इस प्रकार 'जश्न' (पुरानी फ़ारसी तथा अवेस्ता 'यश्न') और भारतीय 'यज्ञ' शब्द मूलतः एक ही हैं। हाँ, **यज्ञ** की पवित्रता का 'जश्न' में नाम भी नहीं है।

पत्र का वास्तविक अर्थ **पत्ता** है। चूँकि पहले पत्ते पर लिखते थे, अतः धीरे-धीरे 'पत्र' शब्द का प्रयोग उन सभी चीज़ों के लिए होने लगा जिन पर लिखते हैं, जैसे : छिलका (भोजपत्र) तथा काग़ज़ आदि। उन पर चिट्ठी लिखने से चिट्ठी का भी नाम 'पत्र' पड़ गया। काग़ज़ पर छपने से

अख़बार भी 'पत्र' कहलाने लगे। 'पत्र' शब्द कुछ फैलकर **पत्तर** (सोने का 'पत्तर') हो गया। इतना ही नहीं 'पत्तर' पतला होता है अत: 'पत्तर' से पतला में बदलकर पतला का अर्थ देने लगा। इस प्रकार एक ही 'पत्र' शब्द पत्ता, **छिलका, काग़ज़** 'चिट्ठी', 'पत्र-पत्रिका', पत्तर, पतला आदि कितने रूप धारण कर चुका है। जब हम कहते हैं कि यह 'पत्तर' 'पतला' है तो क्या हम समझते हैं कि एक ही शब्द को दो बार कह रहे हैं।

संस्कृत का **भद्र** शब्द लीजिए। **भद्र** का अर्थ भला होता है। कहते हैं 'ये भद्र पुरुष हैं'। हिन्दी में 'भद्र' का विकास कई रूपों में हुआ है। इससे विकसित या निकला हुआ पहला शब्द तो **भला** है, जो ठीक इसी अर्थ में प्रयुक्त होता है। दूसरा शब्द **भद्दा** है, जिसका अर्थ बुरा या कुरूप आदि होता है। 'भद्र' से ही निकला तीसरा शब्द 'भोंदू' है, जिसका अर्थ मूर्ख होता है। 'भद्र' से बना एक चौथा शब्द 'भद्रा' भी है। यह तो संस्कृत में भी प्रयुक्त मिलता है। 'भद्रा' का अर्थ 'बाधा' या 'कुयोग' होता है। ज्योतिष में यह एक पारिभाषिक शब्द भी है। इस 'भद्रा' से ही 'भदराह' (भोजपुरी) बनता है, जिसका अर्थ 'बुरे शकुन वाला' होता है। सचमुच देखने ही योग्य है भद्र का परिवार!

भोजपुरी तथा अवधी क्षेत्र में सामान्य भाषा का एक शब्द है 'बुलबुली'। 'बुलबुली' ललाट के पास के बड़े-बड़े बालों को कहते हैं। देहात में इसे 'जुल्फी' भी कहते हैं। 'बुलबुली' शब्द व्युत्पत्ति की दृष्टि से बड़ा ही मनोरंजक है। जिन लोगों ने बुलबुल पक्षी को देखा है वे जानते हैं कि उसके सिर पर आगे की ओर एक उठी हुई चीज़ होती है। आदमियों की बुलबुली भी उसी से मिलती-जुलती होती है, अत: उसी के आधार पर इसे 'बुलबुली' की संज्ञा दे दी गई है।

'पगड़ी' सिर पर बाँधे जानेवाले वस्त्र या साफ़े को कहते हैं। व्युत्पत्ति की दृष्टि से यह शब्द भी बड़ा मनोरंजक है। यों देखने पर यह बड़ा बेतुका-सा लगता है कि 'पगड़ी' रहती तो है 'सिर' पर और नाम है 'पैर' (पग) वाला,

या जिसे पैर से बाँधते हैं। बात यह है कि आरम्भ में 'पगड़ी' पैर के घुटनों पर बाँधी जाती थी और वहाँ बाँधने के बाद उसे उठाकर लोग सिर पर रखते थे। देहातों में कहीं-कहीं अब भी यह परम्परा है। पैर पर बाँधने के कारण ही इसे 'पगड़ी' कहा गया। संकेत्य है कि यह नाम तब का है जब शीनो का प्रचार नहीं था। शीनो का प्रचार होने पर सीधे सर पर पगड़ी बाँधी जाने लगी।

'खटराग' का अर्थ है 'झंझट'। कहते हैं—'इतने **खटराग** का काम मुझसे नहीं होने का'। 'खटराग' शब्द सीधे 'षट् राग' से आया है। पक्के गानों के छह रागों को सीखना कितनी बड़ी फ़ज़ीहत है, यह उन्हें सीखनेवाले ही जानते हैं। शायद किसी व्यक्ति ने सीखते-सीखते न आने के कारण परेशान होकर 'खटराग' का झंझट के अर्थ में प्रयोग किया होगा और लोगों ने ठीक देखकर इसे प्रयोग में लाना शुरू कर दिया होगा। कला और मनोरंजन के केन्द्र शब्द 'षट् राग' की यह दुर्दशा ही है कि उसे 'झंझट' का प्राय: समानार्थी बनना पड़ा है।

'मकोय' अपना पुराना और प्रचलित शब्द है, पर इसके स्थान पर आजकल एक शब्द 'रसभरी' चला है। विशेषत: शहरों में तो बहुत-से लोग 'मकोय' को 'रसभरी' ही कहते हैं। 'रसभरी' के रसयुक्त शरीर की ओर ध्यान देने से ऐसा लगता है कि मकोय के रस से भरी होने के कारण इसे 'रसभरी' की संज्ञा दी गई है। पर, यथार्थ बात यह नहीं है। अंग्रेज़ी में मकोय को 'रैस्पबेरी' (Rasp Berry) कहते हैं। और 'रसभरी' शब्द इस अंग्रेज़ी शब्द 'रैस्पबेरी' का ही बिगड़ा रूप है। यह ठीक उसी प्रकार हुआ है जैसे 'लाइब्रेरी' से मिलते-जुलते नाम 'रायबरेली' से परिचित होने के कारण लोगों ने 'लाइब्रेरी' का नाम सुना तो उसे भी 'रायबरेली' कहने लगे। देहातों में तथा कम पढ़े और अनपढ़ लोगों में पुस्तकालय के लिए 'पुस्तकालय', 'कुतुबखाना' या 'लाइब्रेरी' की अपेक्षा 'रायबरेली' शब्द ही अधिक प्रचलित रहा है। शब्दों में इस प्रकार के ध्वनि-परिवर्तनों में भ्रामक व्युत्पत्ति (Popular Etymology) कार्य करती है। अरबी शब्द 'इन्तिकाल' को भी इसी भ्रामक

व्युत्पत्ति के चक्कर में पड़कर सामान्य भाषा में 'अन्तकाल' मृत्यु बनना पड़ा है।

'पंचानन' शब्द व्युत्पत्ति की दृष्टि से कुछ सन्दिग्ध-सा है। 'पंचानन' का अर्थ 'सिंह' होता है। पंचानन शब्द के अर्थ हैं 'पाँच मुखवाला'। अब प्रश्न यह उठता है कि 'सिंह' के पाँच मुँह तो होते नहीं, फिर 'सिंह' का 'पंचानन' नाम पड़ा तो कैसे? मुझे ऐसा लगता है कि मुँह से 'सिंह' किसी को भी फाड़ सकता है और प्रायः वही काम अपने चारों पंजों से भी कर सकता है। इस प्रकार चार पंजे और एक मुँह मिलकर उसके 'पाँच आनन' या 'मुँह' हो गए और वह हो गया 'पंचानन'!

'किकुरी' (भोजपुरी, अवधी क्षेत्र में विशेष प्रयुक्त) बैठने या सोने के एक विशेष ढंग को कहते हैं। इसमें हाथ-पैर सिकोड़कर बैठा या सोया जाता है। जाड़े से बचने के लिए गरीब लोग कपड़े की कमी में इसी शैली का सहारा लेते हैं। यह 'किकुरी' या 'केकुरी' शब्द **केकड़ा** से निकला है। 'केकड़ा' भी इसी भाँति हाथ-पैर सिकोड़कर बैठता है।

अंग्रेज़ी शब्द 'फ़ी' या 'फ़ीस' अब हिन्दी का भी अपना शब्द हो गया है। मूलतः 'फ़ीस' और संस्कृत 'पशु' शब्द एक ही हैं। पहले क्रय-विक्रय आदि अदला-बदली या 'बार्टर' से होता था। बाद में पशु ही इसके माध्यम बने। इस प्रकार आज जो काम 'रुपया' करता है तब 'पशुओं' से होता था। इसी परम्परा में 'पशु' के ही एक रूप 'फ़ी' या 'फ़ीस' का अर्थ पश्चिम में रुपये से सम्बन्धित हो गया। आज भारत में 'पशु' पशु-का-पशु ही रह गया और पश्चिम में वह 'फ़ी' बनकर कहाँ-का-कहाँ पहुँच गया!

'वर्षा' का अर्थ 'बारिश' या 'पानी' होता है तथा 'वर्ष' का अर्थ 'साल' होता है। हमारा ध्यान प्रायः नहीं जाता कि 'बारिशवाची' और 'सालवाची' दोनों शब्द 'वर्षा' तथा 'वर्ष' प्रायः एक-जैसे क्यों हैं। बात यह है कि आरम्भ में 'महीनों' आदि का निर्माण तो हुआ नहीं था। अतः 'साल' या 'वर्ष' का ज्ञान लोगों को पानी बरसने से होता था। बरसात का मौसम आने पर लोग समझते थे कि पिछली बरसात से एक वर्ष हो गया। इस प्रकार 'वर्षा' पर ही

'वर्ष' का ज्ञान आधारित था, अत: 'वर्षा' के आधार पर ही 'साल' का नाम 'वर्ष' पड़ा। 'वर्ष' की भाँति ही साल के लिए हमारा दूसरा शब्द 'अब्द' है। इसी से सौ वर्ष को हम 'शताब्दी' कहते हैं। इस 'अब्द' शब्द का भी सम्बन्ध वर्षा से ही है। इसका मूल अर्थ 'अप्' अर्थात् पानी का 'द' अर्थात् देनेवाला और इस प्रकार 'बादल' है। आर्यों और ईरानियों में इस प्रकार के कुछ और भी मनोरंजक शब्द मिलते हैं। 'शरद' अपने यहाँ वर्ष का अर्थ रखता है। 'जीवेम शरदः शतम्' (वैदिक) प्रसिद्ध है। कहना न होगा कि 'शरद' ऋतु आने पर भी वर्ष का ज्ञान होने के कारण ही 'शरद' का अर्थ वर्ष हो गया है। इसी प्रकार हेमन्त ऋतु से सम्बन्धित नाम 'हिम' भी वर्ष के अर्थ में वेदों में प्रयुक्त हुआ है—'शतं हिमा:'। इसी आधार पर आचार्य विधुशेखर भट्टाचार्य ने 'द्विवेदी अभिनन्दन-ग्रन्थ' में प्रकाशित अपने 'संस्कृत का वैज्ञानिक अनुशीलन' शीर्षक लेख में यह अनुमान लगाया है कि अपने यहाँ 'ग्रीष्म' का भी कोई पर्याय 'वर्ष' का वाचक अवश्य रहा होगा। वे लिखते हैं, 'यह हो नहीं सकता कि ग्रीष्म-प्रधान भारत के आर्य अपनी प्रधान ऋतु को ही भूल जाएँ।' आगे आपने यह भी बतलाया है कि उन्हें 'अवेस्ता' में 'हम' शब्द मिला, जो वहाँ ग्रीष्म का पर्याय है। कहना न होगा कि यह 'हम' संस्कृत का 'समा:' (अवेस्ता या फ़ारसी का 'ह' संस्कृत में 'स' रूप में मिलता है : हफ्ता-सप्ताह) है, जिसका अर्थ 'वर्ष' या साल होता है। 'जिजीविषेच्छतं समा:' (ईषोपनिषद् 2)।

इस प्रकार हम देखते हैं कि शब्द और उनका संसार दोनों ही मनोरंजन से भरे पड़े हैं।

शब्द चलते हैं

मनुष्य चलता है तो शब्द भी चलते हैं, किन्तु शब्दों के चलने के दो अर्थ होते हैं। एक तो चलने का अर्थ है 'प्रचलित होना'। कहा जाता है—अमुक शब्द अब नहीं चलता। दूसरा अर्थ होता है 'आदमी के चलने' की तरह एक स्थान या देश से दूसरे स्थान पर जाना या यात्रा करना। यहाँ 'शब्द चलते हैं' का दूसरा अर्थ ही लिया जा रहा है। शब्दों की यात्रा या उनका चलना मनुष्यों के चलने या उनकी यात्रा से भिन्न होता है। मनुष्य यदि एक स्थान से चलकर दूसरे स्थान पर जाता है, तो पहले स्थान पर उसे हम नहीं देख सकते, किन्तु शब्द एक स्थान से दूसरे, दूसरे से तीसरे और इसी प्रकार और भी कई स्थानों पर जा सकते हैं, और वे हर स्थान पर देखे जा सकते हैं। अंग्रेज़ी के बहुत से शब्द भारत की भाषाओं में भी प्रचलित हैं, पर इसका अर्थ यह नहीं कि यदि वे वहाँ से चलकर आए और यहाँ उपनिवेश बनाकर बस गए तो इंग्लैंड से उनका अस्तित्व ही मिट गया। इस दृष्टि से ब्रह्म की बराबरी करते हुए शब्द सर्वव्यापक हो सकते हैं।

कुछ शब्दों की यात्राएँ यहाँ देखी जा सकती हैं :

अफ़ीम

मूलतः यह शब्द यूनानी है जहाँ इसका रूप है 'ओपियन'। इसका मूल अर्थ है 'पोस्ते का रस'। अफ़ीम सबसे पहले कदाचित् यूनान में ही बनी। यूनानी भाषा से यह शब्द लैटिन में पहुँचा और वहाँ इसका रूप हो गया 'ओपिअम'। वहाँ से फ्रांसीसी, अंग्रेज़ी, जर्मन आदि सभी यूरोपीय भाषाओं में यह इसी या कुछ भिन्न रूप में प्रविष्ट हो गया। यूनान से इसने अरब की यात्रा की और वहाँ यह 'अफ़यून' बन गया। वहाँ से ईरान होते यह भारत पहुँचा तो भारतीय पंडितों ने 'अहिफेन' (सर्प का फेन) तथा 'अफेन' रूप में इसे संस्कृत पोशाक पहना दी। यही शब्द हिन्दी में 'अफ़ीम', गुजराती में 'अफीण', मराठी में 'अफ़ीम', 'अफीण', 'अफू' तथा नेपाली में 'अफिम' आदि रूपों में मिलता है। चीनी लोग अफ़ीम के बड़े शौकीन रहे हैं, अतः यह शब्द भला वहाँ क्यों न पहुँचता? चीनी में यह 'अ-फु-यंग' रूप में मिलता है।

शक्कर

'शक्कर' का आदिस्थान भारत है और इसके लिए अपना पुराना संस्कृत शब्द है 'शर्करा'। प्राकृतों में आकर 'शर्करा' का 'सक्कर' बना, किन्तु यही 'शर्करा' फ़ारसी में जाकर 'शकर' तथा अरबी में 'सुक्कर' बन गई। अरबी से इस शब्द ने पूरे यूरोप की यात्रा की जहाँ विभिन्न भाषाओं में, विभिन्न रूपों में यह मिलता है। उदाहरणार्थ लैटिन Zuccarum, इटैलियन Zucchero, फ्रांसीसी Sucre, Cucre, अंग्रेज़ी Secreen, Sugar, jaggary, रूसी 'साखर' आदि। इस शब्द ने पूरे भारत की भी यात्रा की है : कश्मीरी 'शेकर', गुजराती 'साकर', मराठी 'साखर', सिन्धी 'हकुरु' आदि।

खाँड़

यह भी मूलत: भारतीय शब्द है। संस्कृत 'खंड' इसका मूल है। इसने भी पूरे भारत की यात्रा की है : पालि 'खंडो', प्राकृत 'खंडा', बंगला 'खाँड', ओडिया 'खडा', हिन्दी 'खाँड़', सिन्धी 'खंडु', गुजराती-मराठी 'खाँड' आदि। यह शब्द भारत के बाहर भी गया : सिंहली 'कड', अरबी-फ़ारसी 'क़न्द' (भारतीय मिठाई **कलाकन्द** में **कन्द** यही शब्द है), अंग्रेज़ी candy आदि।

मुष्क

इस संस्कृत शब्द के कई अर्थ हैं जिनमें एक है 'कस्तूरी'। इस अर्थ में इस शब्द ने काफ़ी लम्बी यात्रा की है : संस्कृत मुष्क, फ़ारसी मुश्क, अरबी मुश्क, ग्रीक moschos, लैटिन muscus, फ्रांसीसी musc, अंग्रेज़ी musk आदि।

हिन्द

मूलतः यह शब्द संस्कृत का सिन्धु है और इसका मूल अर्थ बड़ी नदी या समुद्र है। सिन्धु नदी बड़ी थी, अत: उसे सिन्ध नाम दिया गया। उसी आधार पर आसपास का क्षेत्र भी सिन्ध या सिन्धु कहलाया। यह शब्द ईरान पहुँचा तो **स** के **ह** में परिवर्तन से यह 'हिन्दु' या **हिन्द** हो गया। यह 'हिन्द' धीरे-धीरे पूरे भारत का वाचक हो गया। हिन्द' में फ़ारसी के **ईक** प्रत्यय के लगने से 'हिन्दीक' बना। यही **हिन्दीक** यूनान पहुँचा तो ह ध्वनि के लोप से **इन्दिका** शब्द बना जिसका अर्थ हिन्द या भारत है। यही लैटिन में

इन्दिया तथा आधुनिक यूरोपीय भाषाओं में **इंडिया** और **इन्दिया** आदि रूपों में मिलता है। चीनी साहित्य में प्रयुक्त **इन्तुको इन्तु** तथा **शिन्तु** भी यही है। कहने की आवश्यकता नहीं कि ईरानी शब्द **हिन्द** और **हिन्दु** (स्तान) वहाँ से लौटकर फिर भारत में भी आए और यहाँ के विभिन्न प्रदेशों की भाषाओं में कई रूपों में विद्यमान हैं।

गंगा

आज का प्रसिद्ध **गंगा** (गंगा नदी का नाम) शब्द हिन्दी में संस्कृत से आया माना जाता है। पाणिनी के सूत्रों के आधार पर साधकर इसे शुद्ध संस्कृत शब्द कहा भी जा सकता है। पर यथार्थतः यह शब्द चीनी-परिवार का है और इसका अर्थ **पानी** है। उधर की यांगट्सीक्यांग, मीक्यांग तथा सीक्यांग आदि नदियों के नामों में **क्यांग** शब्द यही 'गांग' या 'गंगा' है। भारत में भी यह **गंगा** पहले पानी का ही वाचक था। मराठी में तो अब भी **गंगा** का अर्थ पानी होता है। यहाँ **गंगा** के अतिरिक्त **राम गंगा पाताल गंगा** आदि नाम भी उस पुरानी बात की पुष्टि करते हैं। भारत में प्राचीनतम जाति चीन से होकर ही आई थी, अतः यह शब्द उनके साथ यहाँ चला आया था।

मल

इसी प्रकार का एक दूसरा शब्द '**मल**' है। संस्कृत में '**मल**' का अर्थ मैल होता है, किन्तु आस्ट्रेलिया की मूल भाषाओं में इस शब्द का अर्थ **फूल** है। **गंगा** की भाँति यह शब्द भी बहुत पहले

वहाँ से आनेवाली जातियों के साथ भारत में आ गया और फूल से सम्बन्धित बहुत-से संस्कृत शब्दों का अंश बन गया। उदाहरण के लिए **कमल, चमेली, मौलश्री, कुड्मल** तथा **परिमल** आदि शब्द देखे जा सकते हैं।

बुख़ारा

बौद्ध मठों को 'विहार' कहते हैं। इन मठों की अधिकता से ही भारत के एक प्रान्त का नाम 'बिहार' है। बौद्ध-धर्म धीरे-धीरे पश्चिमी एशिया में फैला तो वहाँ भी कुछ स्थानों पर बौद्ध-विहार बने। यात्रा में घिसकर यह 'विहार' शब्द वहाँ 'बहार', 'बख़ार', 'बुख़ार' और फिर 'बुख़ारा' बन गया। आज भी वहाँ एक 'बुख़ारा' नाम का शहर है जहाँ बौद्ध विहारों के बहुत से भग्नावशेष हैं। ये भग्नावशेष आज भी कह रहे हैं कि यह 'बुख़ारा' नाम 'विहार' शब्द का ही विकसित या विकृत रूप है।

खाट

आज का हिन्दी का विद्यार्थी जब अंग्रेज़ी पढ़ना आरम्भ करता है तो उसे रटाया जाता है सी—ओ—टी 'कॉट' (cot)—कॉट माने 'चारपाई'। उसे शायद नहीं पता कि उसकी हिन्दी का ही अत्यन्त प्रचलित शब्द 'खाट' यात्रा करता-करता इंग्लैंड पहुँचा और वहाँ घिस-घिसाकर 'कॉट' बनकर अंग्रेज़ी भाषा में घर कर गया और इस प्रकार आज वह अपने ही 'खाट' शब्द को **कॉट** बनाकर रट रहा है। यह कुछ वैसी ही बात है जैसे कस्तूरी मृग उस कस्तूरी की सुगन्धि के लिए, जो उसकी अपनी है (उसी के शरीर में है), इधर-उधर दौड़ता-फिरता है।

शब्दों का यह चलना या उनकी यात्रा भाषाओं को बहुत प्रभावित करती है। हिन्दी में लगभग 2500 अरबी शब्द, लगभग 3500 फ़ारसी शब्द, लगभग 3000 अंग्रेज़ी शब्द, लगभग 100 पुर्तगाली शब्द, 100 से ऊपर पश्तो शब्द तथा लगभग 125 तुर्की शब्द इसी प्रकार चलकर आए हैं, जिनका इस समय हिन्दी में धड़ल्ले से प्रयोग हो रहा है। इन्होंने हिन्दी अभिव्यक्ति को काफ़ी प्रभावित किया है। अंग्रेज़ी तथा जर्मन में विदेशी शब्दों की संख्या लगभग 15-15 हज़ार है।

शब्दों की इस प्रकार की यात्राएँ राजनीतिक, व्यापारिक या सांस्कृतिक आदान-प्रदान में होती हैं, और इस प्रकार ये चलते-फिरते शब्द विश्व को एक सूत्र में बाँधने की दिशा में अनादिकाल से प्रयत्नशील हैं—और शायद सदा रहेंगे।

शब्द मोटे होते हैं

मोटे होने का अर्थ है **फैलना, विस्तार पाना** या **पहले की अपेक्षा अधिक स्थान घेरना।** अर्थ की दृष्टि से शब्दों में भी कभी-कभी इस प्रकार का विस्तार, फैलाव या मोटापन आ जाता है, जिसे **शब्दों का मोटा होना** कहना अनुचित न होगा। भाषा-विज्ञान की शास्त्रीय भाषा में शब्दों की इस प्रवृत्ति को **अर्थ-विस्तार** कहते हैं।

तेल शब्द से हम सभी परिचित हैं। यदि इस शब्द के शरीर पर ध्यान दें तो यह जानने में देर नहीं लगेगी कि इसका सम्बन्ध **तिल** शब्द से है। **तिल** से निकले रस को ही मूलत: **तेल** (सं. तैल) कहते हैं। यह तेल शब्द धीरे-धीरे मोटा होने लगा और आज इतना मोटा हो गया है कि सरसों, अलसी, दाना, जैतून, मूँगफली, कोइना और बिनौले को कौन कहे मिट्टी के तेल को भी **तेल** कहते हैं। इतना ही नहीं, विभिन्न प्रकार के फूलों और वनस्पतियों के तेल—जैसे : चमेली का तेल, अरंडी का तेल, धनेस आदि चिड़ियों का तेल, साँप-बिच्छू आदि कीड़ों का तेल, सूअर आदि जानवरों का तेल और यहाँ तक कि आदमी का तेल! यदि आप किसी को धूप में ख़ूब दौड़ा दें तो वह अवश्य कहेगा—'आज तो आपने मेरा तेल ही निकाल

लिया।' कहना न होगा कि एक तिल के रस से फैलकर अनन्त प्रकार के रसों या तेलों को अभिहित करनेवाले इस तेल शब्द की मोटाई शब्द-जगत् में अद्वितीय है। शायद दो-चार-दस भूधराकार शरीर कुम्भकरण भी इसकी बराबरी न कर सकें!

सब्ज़ फ़ारसी का एक शब्द है जिसका अर्थ **हरा** होता है। **सरसब्ज़ बाग** के प्रयोग में वह अर्थ स्पष्ट है। इस **सब्ज़** से ही **सब्ज़ी** शब्द बना है। पहले पालक, बथुवा, चौलाई आदि हरे सागों के लिए **सब्ज़ी** का प्रयोग होता था, जो उचित भी था, किन्तु अब तो **सब्ज़ी** शब्द तरकारी-मात्र का पर्याय हो गया है। 'चौके में आज क्या **सब्ज़ी** बनी है?' का अर्थ यह न होकर कि 'चौके में आज क्या साग बना है?' यह होता है कि 'चौके में आज क्या तरकारी बनी है?' इस प्रकार अब **सब्ज़ी** शब्द में हरे सागों के अतिरिक्त, पीले रंग का काशीफल या कोहड़ा, अंगूरी रंग की लौकी, घीया या टिंडे, भूरे रंग का आलू, लाल रंग का टमाटर और सफ़ेद रंग की मूली आदि सभी-कुछ आ गया है। ऐसा लगता है कि इस हरे रंग के नाम के भीतर विभिन्न रंगों की नुमायश लग गई है। शायद यह शब्द इतना उदार है कि इसमें अपने-पराये रंगों का भेदभाव भी नहीं है। इस शब्द का भी मोटापन या फैलाव कम सराहनीय नहीं।

अभ्यास शब्द भी मोटे होने का सुन्दर उदाहरण है। मूलत: इस शब्द का प्रयोग केवल बाण फेंकने के अभ्यास के लिए ही होता था। हलायुध ने अपनी **अभिधान रत्नमाला** में लिखा है :

बाणमुक्तिर्व्यवच्छेदो दीप्तिर्वेगस्य तीव्रता।
अभ्यास: कथ्यते योग्या श्रमस्थानं खलूरिका।

पर अब तो क्रूर-कोमल, अच्छे-बुरे सभी कार्यों के 'अभ्यास' को **अभ्यास** कहते हैं। कोई विद्या का अभ्यास करता है तो कोई 'रोमांस' का। कोई खेल-कूद का अभ्यास करता है तो कोई योग-साधना का। ब्लेड से

पॉकेट काटने के अभ्यास की तो कोई बात ही नहीं, वह तो 'बाण' के अभ्यास के बिलकुल निकट है।

निपुण शब्द भी इसी श्रेणी का है। पुण्य-कार्य करनेवाला या पुण्यकार्य में दक्ष व्यक्ति पहले **निपुण** कहा जाता था। स्वयं **निपुण** शब्द का 'पुण' अंश भी इस ओर आंशिक संकेत करता है। अब तो आप किसी भी काम में **निपुण** हो सकते हैं—चोरी, व्यभिचार और असत्य-भाषण से लेकर कविता करने और चित्र बनाने तक में। 'पुण्य-कार्य' से निपुण का अब कोई सम्बन्ध नहीं। स्याह को सफ़ेद और सफ़ेद को स्याह सिद्ध करके सरासर झूठ बोलनेवाला पुण्य से कोसों ही नहीं, योजनों दूर वकील भी निपुण कहा जाता है।

गवेषणा शब्द का प्रयोग पहले खोई हुई गायों को खोजने के लिए होता था, पर अब तो आप किसी भी चीज़ की गम्भीर खोज को **गवेषणा** कह सकते हैं। आज तो एम.ए. करने के बाद बहुत-से लोग किसी विषय को लेकर **गवेषणा** (Research) करते हैं। यदि अत्यन्त प्राचीन काल का कोई व्यक्ति स्वर्ग या नरक से बुलाया जाए और उसके सामने किसी रिसर्च स्कॉलर के विषय में कहा जाए कि आपने एक गवेषणात्मक लेख लिखा है तो वह बेचारा समझेगा कि महोदय ने कोई लेख लिखा है जिसमें खोयी हुई गायों के खोजने के तरीकों पर प्रकाश डाला गया है। इस तरह **गवेषणा** शब्द भी पहले की अपेक्षा मोटा हो गया है।

हिन्दी का **कल** शब्द संस्कृत-शब्द **कल्य** के पुत्र का पुत्र अर्थात् पोता है। इस संस्कृत शब्द का अर्थ 'प्रातःकाल' था। 'अमरकोष' में आता है :

प्रत्यूषोहर्मुखं कल्यमुषः प्रत्युष सी (अपि)

बाद में प्राकृत काल में **कल्य** का पुत्र **कल्ल** पैदा हुआ, जिसका अर्थ 'आनेवाला कल' हुआ। **कल्ल** का पुत्र हिन्दी का **कल** हुआ तो इसका अर्थ 'आनेवाला' और 'बीता हुआ' दोनों ही कल हैं।

फ़ारसी शब्द 'सियाह' का अर्थ काला होता है। इसी कारण श्यामपट्ट (Black board) को 'तख़्तसियाह' या 'तख़्तास्या' कहते हैं। इसी 'सियाह' से **स्याही** बना है। पहले केवल काली रोशनाई से लिखा जाता था, अत: 'रोशनाई' को **स्याही** कहा जाता था, जो सर्वथा उचित था। किन्तु अब तो लाल, नीली, नीली-काली तथा हरी आदि सभी रंग की स्याहियों को **स्याही** कहते हैं। **सब्ज़ी** की भाँति ही यह शब्द भी मोटा हो गया है और सभी रंगों का अपने में स्वागत कर रहा है।

संस्कृत का 'परश्वस्' शब्द आनेवाले 'परसों' के लिए प्रयुक्त होता था। उसी से निकला हिन्दी का 'परसों' शब्द 'बीते हुए' और 'आनेवाले' दोनों 'परसों' के लिए प्रयुक्त होता है। हिन्दी की कुछ पहाड़ी बोलियों में तो इस शब्द का प्रयोग 'आनेवाले' तथा 'बीते हुए' चौथे, पाँचवें तथा छठे आदि दिनों के लिए भी होता है। भला देखिए न इस शब्द का विस्तार कितना हो गया। यह कितना मोटा हो गया!

प्रवीण शब्द का मूल अर्थ था **वीणा बजाने में दक्ष**। 'प्रवीण' का **वीणा** अंश भी इस ओर संकेत करता है। पर अब तो **प्रवीण** शब्द किसी भी कार्य में दक्ष व्यक्ति के लिए प्रयुक्त हो सकता है, चाहे उसकी सात पुश्तों ने **वीणा** का नाम भी न सुना हो।

ताड़ी आज का एक प्रचलित शब्द है। यों तो उसका प्रयोग मादक होने के कारण वर्जित है, किन्तु इसके ताज़े रूप को **नीरा** को निरापद रूप से पिया जा सकता है। जैसा कि शब्द से स्पष्ट है **ताड़** का रस ही **ताड़ी** नाम का अधिकारी है, पर अब तो खजूर और नीम के रस को भी ताड़ी कहने लगे हैं।

यहाँ तक हम सामान्य शब्दों का मोटा होना या उनका अर्थ-विकास देखते रहे थे। दूसरी श्रेणी के शब्दों में जानवरों, पक्षियों तथा कीड़ों के नाम हैं जो मोटे हो गए हैं। जब हम कहते हैं **तुम उल्लू हो** तो यहाँ **उल्लू** का अर्थ **उल्लू पक्षी** न होकर **मूर्ख** है। अत: अपने असली स्वरूप के अतिरिक्त मूर्खता का प्रतीक होकर **उल्लू** शब्द के अर्थ का विस्तार हो गया है। इस प्रकार के

बहुत-से शब्द सभी भाषाओं में मिलते हैं। हिन्दी के इस प्रकार विस्तार पाए शब्दों की एक सूची उनके विस्तृत अर्थों के साथ यहाँ देखी जा सकती है :

शब्द	**विकसित अर्थ**
उल्लू	मूर्ख
ऊँट	लम्बी गरदनवाला, लम्बा
कुत्ता	गन्दा, दुबला, जूठा चाटनेवाला
कौवा	काला, चालाक
गदहा	मूर्ख
गाय, गऊ	सीधा
गिद्ध	अधिक दूर तक देखनेवाला, गन्दी चीज़ें खानेवाला
गिरगिट	अवसरवादी, रंग बदलनेवाला
गीदड़	डरपोक
तोता	बेमुरौवत
बन्दर	चंचल, नटखट, नकलची
बैल	मूर्ख
भालू	बहुत अधिक बालवाला
भैंस	सुस्त, मूर्ख
शेर	वीर, साहसी, हिम्मती
सर्प, काला नाग	ज़हरीला, गम्भीर पर छिपी चोट करनेवाला, काला
सूअर	गन्दा, घृणित
स्यार	चालाक, होशियार

कुछ जातियों के नामों का भी इसी प्रकार अर्थ-विकास हुआ है। इसके कुछ उदाहरण देखिए :

शब्द	**विकसित अर्थ**
अहीर, जाट	मूर्ख, उजड्ड
कोइरी	कमज़ोर, धोखेबाज़
चमार	कंजूस, नीच, क्षुद्र
तुर्क	बेधर्म, भक्ष्याभक्ष्य का ध्यान न रखनेवाला
तेली	गन्दे कपड़ेवाला
पठान	वीर, रोबवाला
बनिया	धनलोलुप, मूजी, गन्दा
बाम्हन	डरपोक, पोंगा, भिखारी
भूमिहार घाँख	जिसका भेद कोई न पा सके, भीतर से धोखा देनेवाला
मुसहर	काला
राजपुत्र, क्षत्रिय	वीर, रोबवाला

स्त्री-पुरुषों को भी हमने मोटा कर दिया है :

औरत	डरपोक, धूर्त, जिसका हाल कोई न जाने, नखरेबाज़, कोमल
बच्चा	कमअक्ल, अपरिपक्व, नादान
मर्द	वीर, हिम्मती
रंडी	ऊपरी दिखावेवाली, ऊपर से प्रेम करनेवाली

कुछ अन्य वस्तुओं के नामों में भी अर्थ-विस्तार मिलता है :

काँटा	दर्द देनेवाला, क्रूर
चलनी	जिसमें बहुत छेद हों
तवा	काला
पत्थर	कड़ा

पाजामा	मूर्ख
वज्र	कड़ा

मूलतः ये एक प्रकार के आलंकारिक प्रयोग हैं, फिर भी इनके मोटे होने में किसी को सन्देह नहीं।

उपर्युक्त शब्द जातिवाचक संज्ञाएँ थीं। व्यक्तिवाचक संज्ञाएँ भी इस मर्ज़ का शिकार मिलती हैं। 'तुम्हारा गाँव लन्दन नहीं है' का अर्थ है तुम्हारा गाँव बहुत बड़ा नगर नहीं है। 'रावण बनोगे तो शीघ्र ही विनाश होगा' का अर्थ है अत्याचार करोगे तो शीघ्र ही समाप्त हो जाओगे। कुछ व्यक्तियों एवं नगरों के नाम यहाँ फैले अर्थ के साथ देखे जा सकते हैं :

शब्द	**विकसित अर्थ**
कंस	अत्याचारी
कश्मीर	सुन्दर स्थान
कामदेव	सुन्दर
कालिदास	शेक्सपियर सफल नाटककार
गांधी	सत्यवादी, अहिंसक
जयचन्द	देशद्रोही
नेपोलियन	वीर, विजेता
पेरिस	विलासी नगर
महादेव	कामदेव को जीतनेवाला
युधिष्ठिर	सत्यवादी
रति	सुन्दरी
रावण	अत्याचारी
लन्दन	बड़ा नगर
वाजिदअलीशाह	विलासी
विभीषण	देशद्रोही

सावित्री	पतिव्रता
सिकन्दर	बड़ा, तेजस्वी
हरिश्चन्द्र	सत्यवादी, दृढ़
हिटलर	अत्याचारी, तानाशाह
होमर	सफल कवि

हमने अपने विभिन्न अंगों के नामों के अर्थ भी विस्तृत कर दिये हैं। जब हम कहते हैं कि कुरसी के पैर टूट गए हैं तो इसका अर्थ आदमी या जानवर के पैरों से भिन्न है। इस प्रकार के बहुत-से उदाहरण अपनी भाषा में मिलते हैं। कुछ प्रमुख यहाँ देखे जा सकते हैं : नारियल या भुट्टे की **जटा,** पेड़ या पर्वत की **चोटी,** ईख, आलू या अनन्नास की **आँख,** चने की **नाक,** घड़ा, सुई, मकान या गाड़ी का **मुँह,** आरी या मशीन के दाँत, क़लम की **जीभ,** भग के **ओठ,** घड़े या सुराही की **गरदन,** मशीन, गेहूँ या नदी का **पेट,** काग़ज़, रोटी या मकान की पीठ, आँगन या कुएँ का **गर्भ,** कुरसी, प्याला या घड़ी का **हाथ,** दस्ताने की **उँगली** तथा मेज़, कुरसी या चारपाई का पैर, आदि। ऐसे ही पेड़ की **खाल,** पत्ते की नस, गाजर की **हड्डी,** फूल का **रज,** तथा तसवीर की **आत्मा** में **खाल, नस, हड्डी, रज** तथा **आत्मा** के अर्थ में भी विस्तार हो गया है।

ऊपर के उदाहरणों में प्रथम सूची जानवरों तथा पशु-पक्षियों आदि की है। इन शब्दों का अर्थ-विस्तार उनके जातीय स्वाभाविक गुण ही हैं। दूसरी सूची जातियों की है। वहाँ भी अर्थ-विस्तार जातीय स्वाभाविक गुण की ओर ही है। तीसरी सूची स्त्री-पुरुष तथा बालक आदि हैं। यहाँ भी अर्थ-विकास उपर्युक्त दो के ही वर्ग का है। चौथी सूची में अर्थ-विस्तार रंग, रूप तथा स्वभाव की ओर सम्मुख है। पाँचवीं सूची में व्यक्ति, नगरों और देशों के नाम हैं। यहाँ विकसित अर्थ व्यक्तियों, नगरों तथा देशों के विषय में प्रसिद्ध गुणावगुणों या बातों की ओर गया है। छठी सूची में रूप के आधार पर अर्थ-विकास

हुआ है। इस सूची का अन्तिम विकास कार्य या समानता पर आधारित है।

यहाँ तक हम संज्ञा-शब्दों के अर्थ-विस्तार पर विचार कर रहे थे। क्रियाओं में भी विस्तार होता है। आज के बहुत-से मुहावरे इसके उदाहरण हैं। 'यह रुपया **चलता** नहीं हैं' वाक्य में मनुष्य आदि के लिए प्रयुक्त **चलना** शब्द प्रयुक्त किया गया है, किन्तु यहाँ चलने का अर्थ ठीक वही नहीं है, जो मनुष्य या और जीवों के सन्दर्भ में होता है। इस प्रकार यहाँ **चलना** शब्द का अर्थ विस्तार पा गया है या अर्थ की दृष्टि से **चलना** शब्द मोटा हो गया है। एक दूसरा उदाहरण **उठना** शब्द का लीजिए। मूलत: **उठना** का अर्थ है 'ऊपर आना'। आज यह शब्द बहुत मोटा हो गया है। कुछ प्रयोग इसके मोटेपन या अर्थ-विस्तार को स्पष्ट कर देंगे—

1. अभी तक सो रहे हो, **उठे** नहीं?
2. अब न बैठो, **उठो**। अभी दूर जाना है।
3. देश को **उठाने**वाले तो हमीं-तुम हैं।
4. वह आज संसार से **उठ** गया।
5. बाज़ार **उठने**वाला है।

हमारी बहुत-सी क्रियाओं में इस प्रकार का विस्तार हुआ है। उदाहरणार्थ बात **रहना**, देश का **सोना**, मुँह **खिलना**, कली का **मुस्कराना**, देह का **टूटना**, दिल **टुकड़े-टुकड़े** होना, बात **कटना**, घर का **रोना**, संस्था **मरना**, दुकान **चलना**, रोब **जमना**, आँख **लगना**, दुकान का **बढ़ना** (बन्द होना) तथा बच्चा का **झुकना** (मर जाना) आदि।

इस प्रकार शब्द भी मोटे होते हैं। किन्तु एक बात है बड़ी अजीब। बहुत-से आदमियों के मोटे हो जाने से राष्ट्र में सुस्ती आती है, किन्तु बहुत-से शब्दों के मोटा होने से भाषा में चुस्ती आती है।

शब्द संगति से प्रभावित होते हैं

ख़रबूज़े को देखकर ख़रबूज़ा रंग बदलता है। दो-चार वर्ष अंग्रेज़ों के साथ रहनेवाले हिन्दी-भाषी भी कभी 'हम टुमको देखना नहीं मागता' कहने लगते थे। 'तुख़्म तासीर सोहबत का असर' तथा 'संसर्गजा दोषगुणा: भवन्ति' भी यही नज़ीर पेश करते हैं। इसका आशय यह है कि संगति का असर सभी पर पड़ता है। सुना है कवियों की दुनिया में फूलों के नीचे रहनेवाले मिट्टी के ढेले भी गन्धयुक्त हो जाते हैं। इस प्रकार जड़ और चेतन सभी इस नियम के क़ायल हैं।

शब्द भी इसके अपवाद नहीं। वे भी एक-दूसरे से प्रभावित होते हैं। यों शब्दों की दुनिया में प्रभावित होना, आदमियों आदि के प्रभावित होने से थोड़ा भिन्न है। आप अपने मित्र से प्रभावित होंगे तो उसके गुणों या दुर्गुणों को अपनाएँगे, किन्तु शब्द जब प्रभावित होते हैं तो अपना स्वरूप ही बदल देते हैं। यदि आप किसी से प्रभावित हों और यदि वह व्यक्ति लँगड़ा हो तो आप भी उसी की तरह लँगड़ाने लगें तब कहीं जाकर आप शब्दों की बराबरी कर सकते हैं! कुछ उदाहरण लीजिए।

सगुण

हिन्दी का एक प्रचलित शब्द **निर्गुण** है। ब्रह्म के विशेषण के रूप में हम इसका प्रयोग करते हैं। इसका ही साथी पर इससे भिन्न अर्थ का एक शब्द **सगुण** है। निर्गुण ब्रह्म और सगुण ब्रह्म प्रयोग चलता है। यह **सगुण** शब्द **सगुण** या **सगुन** रूप में भी मिलता है और निर्गुण शब्द **निर्गुण** और **निरगुण** रूप में। अशिक्षित जनता में 'निर्गुन' या 'निरगुन' से प्रभावित होकर 'सगुण' 'सर्गुण' या 'सरगन' हो गया है। सन्त-कवियों ने भी इस रूप का प्रयोग किया है। कबीर लिखते हैं :

> ***सरगुन*** *की पूजा करो निर्गुण का धरो ध्यान*
> *निरगुन* ***सरगुन*** *ते परे तहाँ हमारो राम।*

कहना न होगा कि यहाँ **निर्गुण** ने **सगुण** को प्रभावित किया है। सगुण ने सम्भवतः अपने साथी 'निर्गुण' के सिर पर ताज देखा तो उससे न रहा गया और वह स्वयं भी देखा-देखी ताज पहनकर **सर्गुण** बन बैठा।

बाहर

बाहर भी इसी प्रकार संगति से प्रभावित शब्द है। संस्कृत में शब्द **बाह्य** है। **बाह्य** से हिन्दी में 'बाह' बन सकता है पर **बाहर** नहीं बन सकता। भाषा-शास्त्रियों को जब तक संगति से शब्दों के प्रभावित होने का पता न था 'बाहर' की व्युत्पत्ति एक समस्या थी। पर अब यह चीज़ स्पष्ट है। **बाहर** का ही साथी शब्द है **भीतर**। संस्कृत-शब्द **आभ्यन्तर** से हिन्दी **भीतर** निकला है, और उस साथी शब्द **भीतर** की संगति से प्रभावित होकर **बाह्य** से निकला शब्द **बाह** न होकर **बाहर** हो गया है। यदि यह संगति का प्रभाव न होता तो आज हम 'बाह' शब्द का ही प्रयोग करते!

मुझ

मुझ शब्द भी इसका एक सुन्दर उदाहरण है। संस्कृत में शब्द **मह्यम्** है। यदि यह शब्द **मुह्यम्** होता तो **मुझ** सम्भव था। 'मह्यम्' से निसृत शब्द को तो **मझ** होना चाहिए। पर यहाँ भी 'बाहर' वाली बात है। **मुझ** का साथी शब्द **तुझ** है। संस्कृत शब्द **तुभ्यम्** से **तुझ** निकला है और उससे प्रभावित होकर **मह्यम्** से निकला शब्द **मझ** भी **मुझ** हो गया है। लगता है कि 'तुझ' के पैर में जूता था, अत: 'मझ' से रहा न गया, और वह भी जूता पहनकर 'मझ' से 'मुझ' हो गया।

कुड (could)

कुड एक अंग्रेज़ी शब्द है। यह **कैन** (Can) का रूप है। प्रश्न यह उठता है कि इसमें बीच में 'एल' (L) कहाँ से आ गया। कैन में तो 'एल' (L) है नहीं। बात यह है कि **वुड** (would) और **शुड** (should) शब्द 'कुड' के साथी हैं। ये शब्द क्रमश: विल (will) तथा शैल (shall) से बने हैं और 'विल' तथा 'शैल' में 'एल' है, अत: **वुड** और **शुड** में भी 'एल' आ गया है और इन **वुड शुड** के प्रभाव से **कुड** बेचारा भी एल-युक्त हो गया है। बेचारे को संगति के कारण यह व्यर्थ का बोझा ढोना पड़ा है।

सैंतीस तथा सैंतालीस

सैंतीस शब्द **सप्तत्रिंशत्** तथा **सैंतालीस सप्तचत्वारिंशत्** से निकले हैं। 'सप्त' से विकास 'सै' होना चाहिए। अत: इन्हें 'सैतीस' तथा सैतालीस होना चाहिए

किन्तु ये 'सैंतीस' एवं 'सैंतालीस' हैं। प्रश्न उठता है कि यह अनुनासिक कहाँ से आ गया। इस शंका के समाधान के लिए हमें दोनों के साथी शब्द **पैंतीस** तथा **पैंतालीस** को देखना पड़ेगा। इन दोनों शब्दों में **पै** 'पंच' से आया है जिसमें अनुनासिक ध्वनि है, अतः इनके पैं में बिन्दु होना ही चाहिए, और इन दोनों साथियों के बिन्दुओं (अनुस्वारों) से प्रभावित होकर ही **सैंतीस** और **सैंतालीस** भी अनुनासिक युक्त हो गए हैं।

मनोकामना

शुद्ध शब्द 'मनस्कामना' है किन्तु आजकल सर्वत्र 'मनोकामना' शब्द प्रयुक्त होता है। तथ्य यह है कि संस्कृत में **मनोगति मनोयोग मनोरंजन** तथा **मनोविकार** आदि शब्द हैं और उन्हीं की संगति में पड़कर प्रभावित होकर बेचारा **मनस्कामना मनोकामना** हो गया है, यद्यपि व्याकरणिक दृष्टि से यह अशुद्ध है।

दायाँ

दायाँ शब्द संस्कृत शब्द **दक्षिण** से विकसित हुआ है। **दक्षिण** से स्वाभाविक विकास 'दखिन', 'दाहिन', 'दहिन', 'दहिना', या 'दाहिना' हो सकता है। इनमें 'दाहिन', 'दहिन', 'दहिना' तथा 'दाहिना' शब्द तो मिलते भी हैं। किन्तु **दक्षिण** का विकास **दायाँ** नहीं हो सकता। इस विकास का रहस्य यह है कि संस्कृत शब्द **बाम** का विकसित रूप **बायाँ** है और इसकी संगति के प्रभाव से 'दक्षिण' का विकसित रूप 'दाहिना' के साथ-साथ 'दायाँ' भी हो गया है।

सुक्ख

सुक्ख शब्द शुद्ध नहीं है तथा साहित्य में आजकल प्रयुक्त नहीं होता, किन्तु ग्रामीण बोलियों में बोला जाता हैं। कबीर का एक दोहा है :

जे जन भीजे रामरस बिकसित कबहुँ न रुक्ख।
*अनुभव भाव न दरसैं ते नर **सुक्ख** न दुक्ख।*

इस शब्द के बनने का कारण यह है कि 'दु:ख' शब्द विसर्ग के कारण 'दुक्ख' हो गया है और उसका साथी होने के कारण से 'सुख' शब्द भी उसी से प्रभावित होकर 'सुक्ख' हो गया।

यहाँ तक हम लोग उदाहरणों पर विस्तार से विचार करते रहे। अब संक्षेप में कुछ और उदाहरण देखे जा सकते हैं।

संस्कृत में भी शब्दों का संगति से प्रभावित होना पर्याप्त मात्रा में मिलता है। **वृहस्पति** में वृह: षष्ठी का रूप है अत: वृहस्पति नियमत: ठीक है। इसी के प्रभाव से **वनस्पति** बना है, यद्यपि नियमत: इसमें 'स्' नहीं होना चाहिए और शब्द होना चाहिए था 'वनपति'। **पति** शब्द का पंचमी का रूप नियमत: **पते:** होना चाहिए जैसा कि कुछ स्थानों पर मिलता भी है, किन्तु इसका प्रचलित रूप **पत्यु:** है। यहाँ यह शब्द **स्वसृ, मातृ** तथा **पितृ** आदि अन्य निकट सम्बधियों के लिए प्रयुक्त शब्दों से प्रभावित है। इनका भी पंचमी का रूप क्रम से **स्वसु: मातु:** तथा **पितु:** होता है। संस्कृत में **ग्यारह** के लिए मूलत: **एकदश** शब्द है जो **द्वादश** से प्रभावित होकर **एकादश** हो गया है। पहले संस्कृत में केवल युग्म शब्दों के लिए **द्विवचन** का प्रयोग चलता था। **पादौ, कर्णौ** तथा **पितरौ** आदि। बाद में इन शब्दों के प्रभाव से विलोम युग्म के लिए भी होने लगा। **लाभालाभौ, जयाजयौ**। कुछ दिन बाद यह प्रभाव और भी बढ़ा और द्वन्द्व समास वाले शब्दों में भी यह होने लगा, **सिंह-शृंगालौ** तथा **रामलक्ष्मणौ** आदि। संस्कृत **कियत्** शब्द से प्राकृत में

कित्तिय बना। **एतावत्** से **एत्तिय** होता पर **कित्तिय** के संग के प्रभाव से यह **इत्तिय** हो गया। साथ ही इन दोनों के प्रभाव से एक तीसरा शब्द **जित्तिय** भी बना। ये ही तीनों हिन्दी में **कित्ता, इत्ता-जित्ता** या **कितना, इतना, जितना** हैं। यहाँ भी इनका आपस में प्रभावसाम्य स्पष्ट है। **कर्मन् चर्मन** आदि अन् अन्त वाले शब्दों का प्रथमा तथा द्वितीया बहुवचन में **कर्माणि** तथा **चर्माणि** बनता है, पर इनके ही प्रभाव से 'फल' (जिसके अन्त में 'अन्' नहीं है) का भी **फलानि** बन जाता है। इस प्रकार के और भी बहुत-से रूप संस्कृत में भरे पड़े हैं जो दूसरे शब्दों के रूपों से प्रभावित हैं।

इस प्रकार शब्द भी संगति से प्रभावित होते हैं। हाँ, एक बात अवश्य है, मनुष्य पर मनुष्य की संगति का प्रभाव लाभकर कम ही होता है, प्राय: हानिकर ही होता है, क्योंकि बुरे के संग में अच्छे भी प्राय: बुरे बन जाते हैं, किन्तु अच्छे के संग में बुरे शायद ही कभी अच्छे बनते हैं। इसके विपरीत शब्दों पर प्रभाव का परिणाम हमेशा अच्छा ही होता है, क्योंकि इससे भाषा में किसी-न-किसी रूप में नियमितता और समानता आती है, जिससे भाषा का सरलीकरण होता है।

शब्द उन्नति करते हैं

शब्दों के उन्नति करने का अर्थ है उनके अर्थ का अवनतावस्था से उन्नतावस्था की ओर आना। एक उदाहरण से यह बात अधिक स्पष्ट हो जाएगी। आज का **अछूत** शब्द 1920 के पहले के **अछूत** शब्द के साथ नहीं रखा जा सकता। महात्मा गांधी ने अपने वरदहस्त से अछूतों का स्पर्श करके तथा उन्हें हरिजन कहकर इस शब्द को काफ़ी ऊँचा उठा दिया है। यदि 1920 के पूर्व के **अछूत** शब्द के साथ गंदा, नीच तथा विद्या एवं ज्ञान का अनधिकारी आदि घृणात्मक भावनाएँ लगी थीं तो आज के **अछूत** शब्द के साथ युग-युग का कुचला, समाज का सच्चा सेवक आदि करुणा एवं श्रद्धा की भावनाएँ सम्बद्ध हैं। इस प्रकार इस शब्द ने पर्याप्त उन्नति कर ली है! भारत के स्वतंत्रता-आन्दोलन की पवित्र आग में जलकर **जेल, कारा, बन्दी** तथा **क़ैदी** आदि शब्द भी उन्ननि कर गए। कम-से-कम 1920 से 1955 तक प्राय: यही स्थिति रही है।

शब्दों का इस प्रकार का उत्थान सामाजिक, ऐतिहासिक तथा राजनीतिक आदि कई प्रकार के कारणों से होता है। कभी-कभी ये कारण मिश्रित रूप में भी कार्य करते हैं। किन्तु, इस विषय में अभी तक इतना कार्य नहीं हुआ है कि प्रत्येक शब्द के उत्थान के साथ उसके कारण को भी स्पष्ट किया जा सके।

यहाँ शब्दों के उत्थान के कुछ मनोरंजक उदाहरण लिये जा रहे हैं। आज का एक प्रचलित शब्द 'साहस' है। इसका प्राचीन अर्थ बुरा कार्य होता था। स्मृतियों में साहस पाँच प्रकार के कहे गए हैं :

मनुष्यमारणं स्तेयं परदाराभिमर्षणम,
पारुष्यमनृतं चैव साहसं पंचधास्मृतम्।

इस प्रकार **साहस** में मनुष्य-हत्या, चोरी, पर-स्त्री-सम्भोग, परुषता तथा झूठ ये पाँच दुष्कार्य आते हैं। इस दृष्टि से किसी को 'साहसी' कहना साक्षात् गाली है। किन्तु, आज **साहस** का अर्थ 'हिम्मत' हो गया है और कोई भी व्यक्ति अपने लिए किसी के द्वारा 'साहसी' शब्द-प्रयोग सुनकर गर्व से छाती फुला सकता है। **साहस** की यह उन्नति सचमुच बड़ी आश्चर्यजनक है।

इसी प्रकार का एक शब्द **गोसाईं** या **गोसैयाँ** है। इसका मूल संस्कृत शब्द **गोस्वामी** है, जिसका अर्थ 'गायों का स्वामी' होता था। हलायुध ने लिखा है :

ब्रजः स्याद्गोकुलं गोष्ठं गोवृन्दं गोधनं धनम्,
गोमान गोमी च गोस्वामी गोविंदोऽधिकृतो ग़वाम्।

आज **गोस्वामी** के तीन अर्थ हैं। एक अर्थ तो एक जाति-विशेष का है। दूसरा अर्थ 'पूज्य' या 'सन्त' है, जैसे **गोस्वामी** तुलसीदास। तीसरा अर्थ 'ईश्वर' है। इस अर्थ गें **गोसाईं** या उसका रूप **गोसैयाँ** दोनों ही प्रयुक्त होते हैं। भोजपुर प्रदेश में लोग शपथ लेते हैं 'गऊ गोसैयाँ।' अर्थात् 'गाय और भगवान की क़सम'। तुलसी ने भी लिखा है :

देव पितर सब तुम्हहिं गोसाईं।

गोस्वामी शब्द 'गौवों के स्वामी' से 'ईश्वर' का पर्याय हो गया। इस उत्थान में धार्मिक, सामाजिक या राजनीतिक कारणों ने कार्य नहीं किया है।

गोस्वामी का एक अर्थ 'इन्द्रियों का स्वामी' भी होता है। सम्भवतः इसी भावना ने इस शब्द को इतना अधिक ऊँचा उठाया है। शब्द-संसार में उन्नति की यह पराकाष्ठा है, ग्वाला से भगवान!

आज का **मुग्ध** शब्द भी इसी प्रकार का है। इसका पुराना अर्थ 'मूढ़' या 'मूर्ख' होता था। 'भामिनीविलास' में कहा गया है :

शशांक केन मुग्धेन सुधांशुरिति भाषितः।

किन्तु अब तो इसमें मूर्खता की तनिक भी गन्ध नहीं है। आप भगवान् के रूप पर भी मुग्ध हो सकते हैं और किसी नायिका के सौन्दर्य पर भी। परवर्ती संस्कृत-साहित्य में भी इसके आकर्षक, भोला-भाला तथा सुन्दर आदि अर्थों में प्रयोग मिलते हैं। जयदेव ने 'गीत-गोविन्द' में लिखा है :

हरिरिह मुग्ध वधूनिकरे विलासिनि विलसति केलिपरे।

एक दूसरा शब्द **कपड़ा** लीजिए। संस्कृत में यह शब्द **कर्पट** था और इसका अर्थ 'फटा-पुराना कपड़ा' होता था। अमरकोषकार ने कहा है :

पटच्चरं जीर्णवस्त्रं समौ नक्तक कर्पटौ।

पालि में भी यह **कप्पट** होकर इसी अर्थ में प्रयुक्त होता था। किन्तु, अब इससे उद्भूत **कपड़ा** शब्द नए-से-नए और सुन्दर-से-सुन्दर वस्त्र के लिए भी प्रयुक्त होता है। या यों कहिए कि अर्थ की दृष्टि से यह शब्द बूढ़े से जवान हो गया है!

दर्शन का प्राचीन अर्थ 'देखना' है। उसमें अच्छे या बुरे के देखने का कोई विशिष्ट भाव नहीं। पर अब या तो देवी-देवताओं के दर्शन होते हैं या नेता-महात्मा आदि असाधारण व्यक्तिवों के। इसी प्रकार **पधारना** शब्द 'पग धारने' से बना है। किसी के भी आने को **पधारना** कह सकते हैं। पर, अब यह शब्द उन्नत हो गया है और केवल आदरणीय व्यक्ति के आने को ही

पधारना कहते हैं। यदि हम-आप कहें कि मैं कल पधारूँगा तो लोग हँस देंगे।

अंग्रेज़ी में एक प्रसिद्ध शब्द क्वीन (Queen) है। इसका पुराना या मूल अर्थ 'स्त्री' था पर अब तो यह 'रानी' के पद पर आकर बहुत उन्नति कर गया है।

राम शब्द ने भी पर्याप्त उन्नति की है। वैदिक साहित्य से लेकर 'वाल्मीकि रामायण' तक राम अधिक-से-अधिक महापुरुष थे। उनमें अलौकिकता की कोई बात न थी। पर अब तो यह शब्द साक्षात् भगवान् हो गया है। इस नाम की उद्धरणी करके कोई भी स्वर्ग जा सकता है। **राम** को उठानेवालों में कबीर और तुलसी का विशेष हाथ रहा है। कृष्ण में भी इसी प्रकार विकास हुआ है, और अब वे भी ब्रह्म के समकक्ष आसीन हैं।

किसी विशेष व्यक्ति, वस्तु या नाम आदि के प्रति इस प्रकार की धार्मिक भावनाओं के केन्द्रीभूत होने के कारण बहुत से शब्दों की अवस्था पहले की अपेक्षा समुन्नत हो गई है। ब्रह्मा, विष्णु, महेश आदि अनेक देवी-देवता इसी श्रेणी के हैं। **मूर्ति** शब्द भी बहुत उठ आया था, यों अब बुद्धिवादिता तथा नास्तिकता के कारण इसके नीचे आने के आसार दिखाई दे रहे हैं। **पीपल** या **तुलसी** पेड़ भी पूजा के अधिकारी होने से ऊपर उठ आए हैं। **प्रयाग, मथुरा, बनारस** आदि बहुत से तीर्थों के नामों में भी इस प्रकार का उत्थान हुआ है। **गंगा** और **जमुना** तो 'गंगा जी' और 'जमुना जी' हो चुकी हैं। 'जल' शब्द मूलत: 'पानी' के ही स्तर का था पर अब इसका प्रयोग प्राय: तीर्थों से लाये गए जल, गंगाजल, या पूजा के काम के जल के लिए होता है। यदि किसी को पानी पीना है तो वह कहेगा, पानी लाओ—यों जल लाओ भी लोग कहते हैं पर बहुत कम—पर यदि किसी को पूजा के लिए पानी मँगाना है तो 'पानी' न कहकर 'जल' शब्द का ही प्रयोग करेगा। इस प्रकार 'जल' के साथ एक पवित्रता की भावना लग जाने से यह शब्द उन्नत हो गया है। **भोग** का मूल अर्थ है 'खाना' या 'उपभोग करना'। किन्तु अब देवता या देवी के भोग लगाए जानेवाले भोजन को **भोग** कहते हैं। अब 'कर्म-भोग'

आदि कुछ प्रयोगों को छोड़कर **भोग** शब्द देवी-देवताओं के **भोग** के पवित्र अर्थ में ही प्रयुक्त होता है। **गायत्री** एक वैदिक छन्द का नाम था। इसी छन्द में लिखित एक मंत्र की प्रतिष्ठा होने से अब लोग छन्द-रूप में भूलकर उस मंत्र को ही गायत्री मानने लगे हैं, अतः इसकी प्रतिष्ठा बढ़ गई है।

तीर्थ का मूल अर्थ है तीर पर बसा स्थान। पर अब इसका अर्थ पवित्र स्थान हो गया है। इस शब्द ने भी काफ़ी उन्नति कर ली है।

मुनि शब्द का सम्बन्ध 'मौन' शब्द से है। आरम्भ में 'मौन' रहनेवाले को **मुनि** कहते थे, पर मौन प्रायः 'तपस्वी' आदि ही रहते थे अतः धीरे-धीरे यह शब्द 'तपस्वी' या 'ऋषियों' के लिए प्रयुक्त होने लगा। अब तो मुनि शब्द साक्षात् 'ऋषि' या 'तपस्वी' हो गया है। रामचरितमानस में भी आया है :

निज सौभाग्य बहुत गिरि बरना। सुता बोलि मेली मुनि चरना॥

सत् शब्द का मूल पुराना अर्थ था 'जो हो' या 'विद्यमान'। किन्तु बाद में इसका अर्थ 'अच्छा' हो गया। सत्पुरुष (सत् + पुरुष), सज्जन (सत् + जन), सदाचार (सत् + आचार) में यही अर्थ है।

इस प्रकार शब्द भी उन्नति करते हैं।

शब्द अवनति करते हैं

कहते हैं 'जिसकी उन्नति होती है वह अवनति भी करता है।' शब्दों के विषय में यह तो सत्य नहीं है कि जो शब्द विशेष उन्नति करता है वही गिरता या अवनति भी करता है, किन्तु हाँ, यह सत्य है कि यदि कुछ शब्द अपने जीवन में उन्नति करते हैं जैसा कि पीछे हम देख चुके हैं, तो कुछ शब्द अवनति भी करते हैं जैसा कि यहाँ हम देखेंगे।

अरबी का एक शब्द **गुलाम** है। यह हिन्दी में भी प्रचलित है। अभी कल तक हमारा देश गुलाम रहा है। अरबी में इसका अर्थ मूलतः 'बच्चा' होता था। विकसित होकर बाद में यह शब्द बच्चे से लेकर 25 वर्ष के जवान तक के लिए प्रयुक्त होने लगा और आगे चलकर इसका अर्थ अधेड़ हो गया। फिर किन्हीं परिस्थितियों में पड़कर यह नौकर का पर्याय हो गया और आज तो बेचारा नौकर से भी गया-गुज़रा हो गया है। नौकर तो प्रतिमास वेतन पाता है और जब चाहे नौकरी छोड़ सकता है, पर **गुलाम** का तो अपने शरीर और जीवन पर भी कोई अधिकार नहीं रहता। मालिक ही उसका सब कुछ या ईश्वर है। यहाँ हम स्पष्ट देखते हैं कि **गुलाम** शब्द की बहुत अवनति हो गई है। मध्ययुग के आरम्भ में इस शब्द का भाग्य अवश्य पलटा था,

जब यह दिल्ली के तख़्त पर आसीन हुआ था; पर फिर गुलाम-वंश के पतन के बाद अपने पुराने पतित स्थान पर आ गया। कौन जाने अभी इसे किस रसातल में गिरना है?

दूसरा उदाहरण संस्कृत शब्द **असुर** का लिया जा सकता है। धातुतः इसका सम्बन्ध 'अस्' धातु से है जिसका अर्थ 'चमकना' होता है। इसी आधार पर **असुर** का प्राचीनतम अर्थ 'सूर्य' था। आप्टे ने अपने संस्कृत कोष में और अर्थों के साथ इसे भी दिया है। आगे चलकर 'असुर' शब्द देववाची हुआ और देवताओं के लिए प्रयुक्त होने लगा। ऋग्वेद में आता है :

स्वस्ति पूषा असुरो दधातु नः।

किन्तु आज यह शब्द राक्षसवाची है तथा इसमें से 'अ' अलग करके 'सुर' को देवतावाची माना गया है। 'असुर' शब्द के इस पतन का अनुमानित कारण यह है कि जिस प्रकार 'असुर' हमारे यहाँ देववाची था उसी प्रकार परिवर्तित रूप या ध्वन्यन्तर से यही शब्द 'अकुर' (अकुर मज़्दा) के रूप में पारसियों के यहाँ देव या ईश्वरवाची था। जब आर्यों और पारसियों में विरोध हुआ तो उनके देववाची शब्द **असुर** (अकुर) को हमने अपने यहाँ पदच्युत करके राक्षसवाची करार दिया तथा 'अ' हटाकर सुर को देववाची बनाया। पर साथ ही पारसी भी कब चूकने वाले थे! उन्होंने हमारे शब्द 'देव' को अपने यहाँ असुरवाची बना लिया। उर्दू-हिन्दी में 'देव-दानव' में 'देव' का बुरा अर्थ वहीं से सम्बद्ध है। ख़ैर यह तो इन लोगों का आपसी वैर था और बुरा हुआ बेचारे शब्दों का। संस्कृत में **असुर** शब्द अवनति को प्राप्त हुआ और पुरानी फ़ारसी में देव।

वेद-वाक्य 'कविर्मनीषी परिभूः स्वयम्भूः' में कवि का अर्थ मेधावी है। बाद में संस्कृत-साहित्य में इसका अर्थ 'कविता करनेवाला' है। ये दोनों ही अर्थ पर्याप्त सम्मान्य हैं। संस्कृत के बाद भी पालि, प्राकृत, अपभ्रंश तथा पुरानी हिन्दी में इसकी प्रतिष्ठा अक्षुण्ण है। कवियों का कितना सम्मान होता

था कहने की आवश्यकता नहीं। अभी कुछ ही सदी पूर्व भूषण की पालकी में महाराज छत्रसाल ने कन्धा लगाया था। पर छायावादी युग के आते ही कवि शब्द का इतना पतन होना शुरू हुआ कि आज तो उसे एक साहित्यिक गाली कहें तो अत्युक्ति न होगी। जहाँ पहले **कवि** शब्द के साथ श्रद्धा, सम्मान, पांडित्य एवं असाधारणत्व की भावना थी अब इसका अर्थ भावुक, संसार में रहने के अयोग्य, कुछ मूर्खता लिये महत्त्वाकांक्षी, दिवास्वप्न की प्रतिमूर्ति तथा अव्यावहारिक आदि है। कहाँ तो राजा लोग कवियों की पालकी उठाने में अपना गौरव समझते थे और आज कहाँ वही कवि बरसाती मेढकों की भाँति दर-दर की खाक छान रहे हैं। कवि शब्द के इस अप्रत्याशित पतन के कारण जानने के लिए बहुत दूर जाने की आवश्यकता नहीं। कवियों का आधिक्य तथा उनमें गम्भीरता का अभाव एवं कल्पना का असन्तुलित आधिक्य आदि पर ही उनकी इस अवनति का उत्तरदायित्व है।

मूर्ख, जाहिल या उजड्ड अर्थ में प्रयुक्त शब्द **उज़बक** लीजिए। मूलत: यह तुर्की भाषा का शब्द है। तुर्की भाषा में **उज़बक** एक तातारी या तूरानी क़बीले को कहते हैं। सोवियत संघ का उज़बेकिस्तान (जिसकी राजधानी ताशकन्द है) इसी क़बीले का प्रदेश है। बाबर भी इस क़बीले से सम्बद्ध था; वह अपने साथ इस क़बीले के बहुत-से लोगों को लाया था। आरम्भ में यहाँ भी इस शब्द का प्रयोग इसी अर्थ में हुआ। नूरुलहसन नय्यर के 'नूरुल लुग़ात' में एक शेर उद्धृत है, जिसमें इस शब्द का यही अर्थ है। शेर यों है :

ढीठ व नेज़ कि आलम में नहीं जिसकी पनाह,
चश्म व तुर्क की हो क़ौम जिन्हूँ की उज़बक।

भारत में आने के बाद कुछ दिन तक तो यह शब्द अपने मूल अर्थ में प्रयुक्त होता रहा जैसा कि ऊपर के शेर से स्पष्ट है, किन्तु बाद में इसका पतन आरम्भ हो गया। प्रश्न यह उठता है कि मुग़ल ख़ानदान के आदि पैतृक नाम या जात से सम्बद्ध नाम की यह दुर्दशा (मूर्ख का पर्याय होने की दुर्दशा)

उनके सामने ही क्यों हुई! इसका एकमात्र उत्तर यह है कि विज्ञान के नियम संसार में बड़े-छोटे आला-अदने किसी की भी अवहेलना करके घटित हो सकते हैं। मुग़ल जब भारत में आए तो स्पष्टत: सभ्यता तथा संस्कृति में भारतीयों की तुलना में पीछे थे। वे स्वभाव से उजड्ड और क्रूर थे ही, अत: **उज़बक** शब्द भारत में आने के बाद ही भारतीय जनता में क्रूरता, उजड्डता तथा शायद मूर्खता आदि के प्रतीक के रूप में प्रचलित हुआ। कुछ दिन बाद मुग़ल ख़ानदान से **उज़बक** शब्द के सम्बन्ध को लोग जब भूल गए तो जनता में प्रचलित भावना स्वभावत: बलवती हुई और उस भावना के साथ उजड्ड तथा मूर्ख आदि अर्थ में यह शब्द चालू हो गया। इस प्रकार इस शब्द का पतन आगन्तुक उज़बकों के प्रति भारतीयों के कुछ गिरे दृष्टिकोण के कारण हुआ। फ़ारसी में ठीक यही दशा **हिन्दू** शब्द की हुई है। इसका भी कारण था वहाँ के लोगों का हिन्दुओं के प्रति घृणापूर्ण दृष्टिकोण। फ़ारसी कोषों में **हिन्दू** शब्द का अर्थ हिन्दुस्तानी के अतिरिक्त काला नौकर, गुलाम, लुटेरा तथा अपवित्र आदि मिलता है।

उढ़री अवधी तथा भोजपुरी का प्रचलित शब्द है, जिसका अर्थ 'भगाई हुई स्त्री' होता है। इस रूप में यह एक गाली भी है, जिसका प्रयोग निम्न वर्ग की स्त्रियाँ करती हैं। मूलत: यह शब्द संस्कृत शब्द **ऊढा** से सम्बद्ध है। 'ऊढि' का अर्थ विवाह, 'ऊढ' का विवाहित पुरुष तथा **ऊढा** का विवाहिता स्त्री होता है। 'विवाहिता स्त्री' से इसका अर्थ 'भगाई हुई स्त्री' हो गया और यह स्पष्टत: इस शब्द की अवनति है। इस अवनति का कारण शब्द के धातु 'वह्' (ले जाना) में ही छिपा है। मध्ययुग में जब नायिका-भेदों में नए-नए अनुसन्धान होने लगे तो परकीया नायिकाओं के एक भेद को **ऊढ़ा** नाम दिया गया। रीतिशास्त्र में **ऊढ़ा** उस नायिका को कहा गया है जो विवाहिता हो पर अपने पति की उपेक्षा करके दूसरे से स्नेह करे। बाद में इसी दिशा में और विकास या ह्रास हुआ और इसकी धातु 'वह्' (ले जाना या उठा ले जाना) की सार्थकता और बढ़ी तथा इस प्रकार जिस शब्द का पुराना अर्थ

'विवाहिता स्त्री' था उसका अवनतिप्राप्त अर्थ 'भगाई हुई स्त्री' बनकर एक गाली बन गया।

'बाबू' शब्द बड़े रोब और ठाठ का है। बाबू श्यामसुन्दरदास या बाबू सम्पूर्णानन्द आदि में, या देहातों में ज़मींदार आदि को 'बाबू' कहने में, या अपने पिता को 'बाबू' या बाबूजी कहने में इसका वही ऊँचा अर्थ है। पर शहरों में दफ़्तर का बाबू एक वह व्यक्ति समझा जाता है जो दीनता, विवशता और 'बाहर लाँबी-लाँबी धोती, भीतर महुवा की रोटी' की प्रतिमूर्ति है। 'बाबूगिरी करना' में वही दीन-हीन अर्थ है।

गुरु जैसा भारतीय संस्कृति का पवित्र और गरिमामय शब्द भारतीय संस्कृति के केन्द्र काशी में ऐसी विपन्नावस्था में पहुँचा हुआ है कि तरस आता है। गुंडे या बदमाशों की मंडली में इस शब्द का प्रयोग 'उस फ़न' में दक्ष व्यक्ति के लिए या हमजोली के लिए होता है। यों हिन्दी में सामान्य प्रयोग है : 'वह तो बड़ा गुरु है'। ऐसे प्रयोगों में 'गुरु' मक्कार या धूर्त का पर्याय है।

नट शब्द का प्राचीन अर्थ नाट्यकला में प्रवीण व्यक्ति होता था। आज **नट** शब्द कभी तो उस घूमनेवाली जाति के लिए प्रयुक्त होता है जो गाँव-गाँव घूमती और भिक्षा, संगीत, पहलवानी, कसरत, जादू तथा चोरी आदि से अपनी जीविका चलाती है, और कभी-कभी यह शब्द 'पाखंडी' या 'नखरेबाज़' के लिए प्रयुक्त होता है। (मारो, साला नट है, इसका क्या विश्वास?)

आज **पाखंड** (पाषंड) का अर्थ ढोंग या आडम्बर है। अशोक के समय में इस नाम का एक साधुओं का सम्प्रदाय था, जो बड़ी श्रद्धा की दृष्टि से देखा जाता था तथा जिसे अशोक ने स्वयं आदर के साथ धन आदि दिया था। लगता है बाद में इस सम्प्रदाय में 'ढोंग' आदि घर कर गए, अत: लोगों की श्रद्धा इसके प्रति घट गई और इसका नाम **पाषंड** या **पाखंड** ढोंग के अर्थ में प्रयुक्त होने लगा। **चालाक** शब्द में भी इसी प्रकार अब पतन आ गया है। इसका प्रारम्भिक अर्थ केवल 'चतुर' था, पर चूँकि आज के युग का **चालाक** 'मक्कारी' आदि अवगुणों से भी लैस रहता है, अत: **चालाक**

का अर्थ 'मक्कार' होने लगा है। **होशियार** तथा **चतुर** आदि भी धीरे-धीरे इसी अधोगति की ओर झुक रहे हैं।

'महाजनो येन गत: स पन्था:' का **महाजन** (बड़ा आदमी) शब्द अब 'बनिया' के अर्थ में प्रयुक्त होने लगा है। **श्रेष्ठ** शब्द अपनी श्रेष्ठता से उतरकर **सेठ** बनकर अब बनियों या व्यवसायियों का पर्याय हो गया है। 'भगवान्' का समानार्थी **ठाकुर** शब्द बंगालियों में अब रसोइये के अर्थ में प्रयुक्त होता है। दिल्ली तथा बम्बई में **भैया** (भ्रातृवर का अर्थ रखनेवाला) शब्द का अर्थ पूर्वी उत्तर प्रदेशीय या बिहारी मज़दूर लिया जाता है।

अरबी का एक शब्द **ख़लीफ़ा** लीजिए। इसका मूल अर्थ है 'उत्तराधिकारी'। मुहम्मद साहब के उत्तराधिकारियों के लिए इस शब्द का प्रयोग होता था जो आज भी मुसलमानों के प्रधान नेता[1] माने जाते हैं। मुसलमान बादशाहों को भी **ख़लीफ़ा** कहा जाता रहा है। किन्तु आज हिन्दी-उर्दू में **ख़लीफ़ा** का कभी तो दरज़ी के लिए प्रयोग होता है, कभी 'हज्जाम' या 'नाई' के लिए, कभी 'पहलवान' या 'कुश्ती लड़ानेवाले' के लिए और कभी-कभी 'धूर्त' के लिए : 'यार तुम भी **ख़लीफ़ा** ही निकले!' इसका ही साथी एक दूसरा शब्द **हज़रत** है। यह अरबी शब्द है जिसका अर्थ 'बुज़ुर्ग' होता है। मुहम्मद साहब के नाम के साथ लगाकर 'हज़रत मुहम्मद' कहा जाता है। पर अब यह शब्द भी हिन्दी-उर्दू में बहुत गिर गया है। 'तुम भी पूरे **हज़रत** हो' प्रयोग चलता है। इस प्रकार इसका अर्थ शरारती या शैतान आदि होता है। हिन्दी का **चचा** शब्द भी इसी तरह गिर गया है।

फ़ारसी का एक शब्द **मेहतर** है। इसका मूल अर्थ 'बुज़ुर्ग' या 'बेहतर' है। **मेहतर** 'जिब्रील' कहा जाता है, किन्तु हिन्दी प्रदेश के कई क्षेत्रों में **मेहतर** जमादार या भंगी को कहते हैं। इस शब्द की अवनति तो सीमा पार कर गई है। **हलालख़ोर** शब्द भी इसी प्रकार का है। **हलाल** शब्द अरबी का है।

---

1. अबूबक्र, उमर तथा उस्मान आदि।

इसका अर्थ 'वाजिब' या 'शरअ के अनुकूल' होता है। यह शब्द 'हराम' का उलटा है। 'ख़ोर' शब्द फ़ारसी का है, जिसका अर्थ 'खानेवाला' होता है। इस प्रकार **हलालख़ोर** वह हुआ 'जो वाजिब कमाई खाये'। इस दृष्टि से भला कौन **हलालख़ोर** होना न चाहेगा! किन्तु हिन्दी के पूर्वी क्षेत्र में **हलालख़ोर** या उसके बिगड़े रूप 'हलख़ोर' का अर्थ है 'कूड़ा तथा पाख़ाना आदि साफ़ करनेवाला भंगी'। इस शब्द में भी बहुत पतन हुआ है। यद्यपि यह कहना भी अनुचित नहीं है कि शायद **हलालख़ोर** भंगी ही संसार में सबसे अधिक 'हलाल की कमाई' खाते हैं। **दीवान** राजा के मंत्री को कहते थे, पर अब तो हेड सिपाही भी **दीवान** कहलाता है।

गँवार का अर्थ है 'गाँव का रहनेवाला'। पर अब **गँवार** का अर्थ हो गया है 'मूर्ख' या 'उजड्ड' आदि। '**अहीर**' एक जाति का नाम है, पर अब उसका भी अर्थ **उज़बक** जाति की भाँति ही **गँवार**, उजड्ड आदि लिया जाता है।

भास के समय में **महाब्राह्मण** का अर्थ 'उच्च कोटि का विद्वान् ब्राह्मण' था। आप्टे ने अपने संस्कृत कोष में इसका पहला अर्थ 'विद्वान् पंडित' ही दिया है। किन्तु अब तो **महाब्राह्मण** उस करटहा ब्राह्मण को कहते हैं, जो श्राद्ध आदि का निकृष्ट दान लेता है। अन्य ब्राह्मण तो उसको छूटा तक पसन्द नहीं करते।

भद्र संस्कृत शब्द है जिसका अर्थ 'भद्र पुरुष' आदि के रूप में भला या अच्छा होता है। **भद्र** शब्द ने विकसित होकर दो रूप धारण किये हैं। एक तो **भद्दा** जिसका अर्थ 'बुरा' तथा 'कुरूप' आदि होता है और दूसरा **भोंदू** जिसका अर्थ 'मूर्ख' होता है। **भद्र** के **भद्दा** और **भोंदू** दोनों ही रूपों में उसकी कितनी अवनति हुई है, कहने की आवश्यकता नहीं।

देवप्रियः एक प्रयोग है जिसका अर्थ 'देवताओं का प्यारा' होता है। यह शिव का एक विशेषण समझा जाता था। इसी का एक रूप '**देवानां प्रियः**' है जिसका प्रयोग अशोक के लिए शिला-लेखों आदि पर मिलता है। बौद्ध-धर्म के पतन के बाद जब लोगों की धारणा इस धर्म के प्रति ख़राब

हुई तो इस **देवानां प्रियः** का अर्थ बुरा हो गया। आज कोषों में इसका अर्थ 'मूर्ख' मिलता है। 'काव्यप्रकाश' में एक स्थान पर आया है :

तेप्यतात्पर्यज्ञा देवानां प्रियाः।

जुगुप्सा शब्द का सम्बन्ध 'गुप्' धातु से है जिसका अर्थ छिपाना या गुप्त रखना आदि होता है। धीरे-धीरे छिपाई जानेवाली बात या चीज़ घृणित समझी जाने लगी और इस प्रकार **जुगुप्सा** अब 'घृणा' का पर्याय हो गया है।

महाराज (महाराजा से रसोइया), **बुरजुआ** (फ्रेंच शब्द है। पहले इसका अर्थ बड़ा आदमी था, किन्तु समाजवाद के प्रभाव से अब अर्थ बहुत गिर गया है।), **साहु** (मूल शब्द साधु है, पर अब इसका अर्थ 'बनिया' है।), **पनारा** (मूल शब्द सं. **प्रणाली**—शैली, रास्ता—है, पर अब **पनारा** का अर्थ 'गन्दी नाली' होता है।), **जमादार** (मूल अर्थ एक 'फ़ौजी अफ़सर', आधुनिक अर्थ 'भंगी'), **हरिजन** (मूल अर्थ भक्त, अब अछूत), **बाथरूम** (मूल अर्थ 'स्नानघर', अब पाख़ाना आदि), तथा **ट्वायलेट** (मूल अर्थ शृंगारघर, अब पाख़ाना आदि) आदि शब्दों की अवनति के अच्छे उदाहरण हैं।

कभी-कभी ऐसा भी देखा जाता है कि एक ही शब्द कुछ स्थलों पर तो अच्छा अर्थ देते हैं, पर कुछ स्थलों पर बुरा। कुछ उदाहरण लिये जा सकते हैं :

उन्नत अर्थ	**अवनत अर्थ**
कठोर कुच	कठोर व्यक्ति
काली घटा	काला आदमी
मोटा असामी	मोटी अक्ल
टेढ़ा बाल	टेढ़ा आदमी
मीठा पानी	मीठा बैल
सफ़ेद वस्त्र	सफ़ेद बाल

शब्दों की अवनति के सम्बन्ध में एक और बात द्रष्टव्य है। शरीर के जो अंग सबके सामने नहीं खोले जा सकते तथा जो कार्य सबके सामने नहीं किये जा सकते, उनसे सम्बन्धित सर्वसामान्य में प्रचलित शब्द इतने अवनत या गिरे समझे जाते हैं कि उनका लोग उच्चारण भी नहीं करते। लिंग, गुदा, भग, कुच, पाख़ाना, पिशाब, पाख़ाना करना, सम्भोग करना आदि के लिए सर्वसामान्य में, विशेषत: अशिक्षितों में, प्रचलित शब्दों की यही दशा है। उन्हें बहुत-से लोग तो अकेले में भी उच्चरित नहीं कर सकते। इन शब्दों की सर्वदा यही दशा नहीं थी। जब ये शब्द अशिक्षितों में प्रचलित न रहे होंगे तो इस समय की अपेक्षा अवश्य ही उन्नत रहे होंगे। आज के लिंग, गुदा, भग तथा सम्भोग करना आदि शब्द यदि सर्वसाधारण एवं अशिक्षितों में प्रचलित हो जाएँ तो कल इनकी भी यही अवनत दशा होगी।

शब्दों की अवनति के सम्बन्ध में एक तीसरी बात यह भी है कि कुछ शब्द ऐसे भी मिलते हैं जो अपने मूल रूप में तो उन्नत हैं, पर विकृत रूप में अवनत हैं। **गर्भिणी** का अर्थ है 'गर्भवती'। इसका प्रयोग मनुष्य या पशु किसी के लिए हो सकता है, पर गर्भिणी से ही निकला शब्द **गाभिन** अपेक्षाकृत गिरा हुआ है और केवल पशुओं के लिए प्रयुक्त होता है। इस प्रकार के कुछ शब्दों की सूची यहाँ दी जाती है :

मूल शब्द	अर्थ या प्रयोग
स्तन	स्त्री आदि का स्तन
थन	केवल गाय, भैंस या बकरी आदि का थन
बज्रबटुक	पक्का ब्रह्मचारी
बजरबट्टू	मूर्ख
प्रणाली	शैली, तरीका
पनारा, पनारी	गन्दी नाली
ब्राह्मण	योग्य पंडित

बाम्हन	निरक्षर, पोंगा
साधु	सज्जन, सन्त
साहु	बनिया
वार्ता	कथा-वार्ता के रूप में प्रयुक्त
बात	कोई भी अच्छी-बुरी बात
पुंगव	होशियार
पोंगा	मूर्ख

इस प्रकार अवनति करने में भी 'शब्द' आदमियों से पीछे नहीं हैं।

शब्द दुबले होते हैं

'दुबला' होने के दो अर्थ हैं। यह शब्द संस्कृत शब्द 'दुर्बल' से निकला है, अतः धात्वर्थ की दृष्टि से इसका अर्थ है 'बल में कम', किन्तु प्रयोगतः यह 'मोटाई' में अर्थात् 'कृशता' का पर्याय है। 'आप दुबले हो रहे हैं' का अर्थ है 'आप मोटाई में कम या कृश हो रहे हैं।' मोटाई में कम होने पर आप पहले की अपेक्षा कम जगह घेरेंगे। इस प्रकार प्रयोगतः दुबले होने का अर्थ है अपेक्षाकृत कम जगह घेरना। शब्द भी अर्थ की दृष्टि से कभी-कभी पहले की अपेक्षा कम जगह घेरने लगते हैं, अतः उनकी इस दशा को 'दुबला होना' कहें तो अनुचित न होगा। एक उदाहरण इस बात को अधिक स्पष्ट कर देगा। **जलज** शब्द का मूलतः अर्थ है 'जल में पैदा होनेवाला'। इस प्रकार आरम्भ में जल में जन्मनेवाले कमल, मछली, जोंक, सेवार, घोंघा, शंख आदि असंख्य चीज़ों का **जलज** से बोध होता रहा होगा। **जलजाजीव** शब्द, जिसका अर्थ मछली आदि पर अपनी जीविका चलानेवाला होता है, अब भी उस प्राचीन अर्थ की याद दिलाता है। किन्तु आज **जलज** शब्द केवल 'कमल' के लिए प्रयुक्त होता है। तुलसीदास जी लिखते हैं :

जलज *जोंक जिमि गुण बिलगाहीं।*

कहना न होगा कि उस विस्तृत अर्थ से, जिसमें जल में जन्मनेवाली सभी चीज़ें आती थीं, यह शब्द केवल कमल (उनमें से मात्र एक) का वाचक हो गया है, अतः निश्चय ही अर्थ की दृष्टि से यह कम स्थान घेर रहा है और इस प्रकार यह दुबला हो गया है।

शब्दों के इस दुबलेपन को भाषा-विज्ञान की भाषा में 'अर्थ-संकोच' कहते हैं। यह संकोच, सिकुड़ना या दुबलापन संसार की सभी भाषाओं में पाया जाता है। अर्थ-विज्ञान के प्रसिद्ध विद्वान् 'ब्रील' ने अपनी फ्रांसीसी पुस्तक 'एस्से द सेमेन्तीक' में इस विषय पर विचार करते हुए लिखा है कि जो भाषा जितनी ही समुन्नत होगी, उसके शब्दों में यह दुबलापन उतना ही अधिक मिलेगा। इसका कारण यह है कि सभ्यता के विकास के आरम्भ में मनुष्य का ध्यान मोटी-मोटी बातों या चीज़ों की ओर ही जाता है, जैसे जल में होनेवाली सभी चीज़ों के लिए **जलज** का प्रयोग किया गया तथा इस पर अपनी जीविका चलानेवाले को 'जलजाजीव'। किन्तु बाद में जल के भीतर की विभिन्न वस्तुओं का ज्ञान प्राप्त हुआ तो यह **जलज** संज्ञा किसी एक को देनी पड़ी तथा शेष के लिए अन्य नाम बनाने पड़े। यही दशा **मृग** की भी है। 'मृग' का प्राचीन अर्थ 'पशु' है। इसी आधार पर पशुओं के राजा सिंह को 'मृगेन्द्र' या 'मृगराज' कहते हैं। 'मृगया' (शिकार) शब्द या 'मनुष्यरूपेण मृगाश्चरन्ति' श्लोकांग भी उस प्राचीन अर्थ की ओर ही संकेत कर रहे हैं। किन्तु बाद में जब बहुत-से पशु अलग-अलग ज्ञात हुए और सभी को नाम देना पड़ा तो **मृग** को 'हिरन' का वाचक माना गया तथा अन्य पशुओं को और नाम दिये गए।

प्रसिद्ध संस्कृत शब्द **गो** का अर्थ तो और भी विस्तृत था। **गो** 'गम्' धातु से बना है, अतः मूलतः संसार में जो भी चलते हैं (मनुष्य, पशु, पक्षी, जलचर तथा तीर आदि) सभी **गो** की संज्ञा के अधिकारी थे। आज भी कोषों में इसके गाय, बैल, किरण, जल, पशु, चाँद, हवा, सूर्य, दृष्टि तथा बाण आदि अनेक अर्थ मिलते हैं जो इसके मूल अर्थ की याद दिलाते हैं। किन्तु,

अब यह 'गो' बेचारा बहुत ही दुबला हो गया है और केवल 'गाय' के लिए प्रयुक्त होता है। शायद इतना दुबला होने पर कोई दूसरा रहता तो मर जाता, किन्तु यही एक ऐसा है जो कलेजे पर पत्थर रखकर अब भी अपनी जीवन-नैया खींचे जा रहा है।

ग्रीक भाषा का प्रसिद्ध शब्द **बाइबल** लीजिए। इसका मूल अर्थ है 'पुस्तक', पर अब दुबला होकर यह केवल ईसाइयों की धर्म-पुस्तक के लिए ही प्रयुक्त होता है। अब तो इसका नवीन अर्थ इतना प्रचलित हो गया है कि इसकी उस दशा का किसी को ध्यान भी नहीं है, जब यह अत्यन्त स्वस्थ और मोटा था अर्थात् इससे किसी भी पुस्तक का बोध हो सकता था। सत्य है, वर्तमान के आगे भूत को कौन देखता है! यों अंग्रेज़ी शब्द 'बिबिलियोग्राफ़ी' में आज भी इसके मूल अर्थ के अवशेष हैं।

मूलतः 'धन' के आधार का नाम 'धान्य' है। पहले धन विशेषतः अन्न से मिलता था, अतः 'धान्य' का अर्थ अन्न-मात्र था, पर अब यह बेचारा दुबला हो गया है और **धान** (धान्य से निकला या विकसित) केवल एक अन्न के लिए प्रयुक्त होता है जिससे चावल निकलता है। अंग्रेज़ी का **कॉर्न** (Corn) शब्द भी इसी प्रकार का है। यों उसका अर्थ अन्न होता है किन्तु अमरीका का कभी प्रधान अन्न मक्का होता था, अतः अमरीका में **कॉर्न** का अर्थ केवल मक्का होता है।

कुछ और उदाहरण लीजिए। 'ख' का अर्थ है 'आकाश' और 'ग' का अर्थ है 'गमन करनेवाला'; इस प्रकार '**खग**' वह है जो आकाश में गमन करे। इस दृष्टि से **खग** से सूर्य, चन्द्रमा, तारे, हवाई जहाज़, पक्षी, बाण तथा वायु आदि बहुत-सी चीज़ों का बोध होता है। 'आप्टे' के संस्कृत कोष में ये अर्थ हैं भी। इसका अर्थ यह है कि कभी साहित्य में भी 'खग' शब्द इन विभिन्न अर्थों में प्रयुक्त होता था। 'महाभारत' में वायु अर्थ में एक प्रयोग देखिए :

तमांसीव यथा सूर्यो वृक्षानग्रिर्धनान्खगः।

'अस्ताचल' का एक पर्याय 'खगासन' मिलता है और यह इस बात की ओर संकेत करता है कि 'खग' का 'सूर्य' अर्थ में भी प्रयोग होता था। दूर जाने की आवश्यकता नहीं, हिन्दी के प्रसिद्ध कवि नन्ददास ने अपनी 'अनेकार्थ मंजरी' में लिखा है :

खग रवि, खग ससि, खग पवन, खग अंबुद, खग देव।
खग बिहंग हरि सुतरु तजि भज जड़ सेवल सेव॥

किन्तु अब 'खग' का प्रयोग केवल 'पक्षी' के लिए होता है। इसका भी दुबलापन बड़ा ही दयनीय है।

रसाल का अर्थ है 'रस से पूर्ण'। इस दृष्टि से अंगूर, मुसम्मी और नीबू से लेकर रसभरी तक तथा रसगुल्ले से लेकर रसमलाई तक सभी **रसाल** कहलाने के अधिकारी हैं। पर आज केवल 'आम' को ही **रसाल** कहलाने का सौभाग्य प्राप्त है। जहाँ एक ओर आम के लिए यह सौभाग्य की बात है, 'रसाल' शब्द के लिए दुर्भाग्य की बात है, क्योंकि उसे दुबला हो जाना पड़ा है।

जिसका भरण-पोषण किया जाए वही **भार्या** है। इस दृष्टि से प्रत्येक छोटी दुधमुँही बच्ची इस शब्द की सबसे बड़ी अधिकारिणी है। किन्तु आज **भार्या** शब्द केवल 'पत्नी' के लिए प्रयुक्त होता है। यह बात दूसरी है कि आज की कुछ भार्याएँ अपने पति का ही भरण-पोषण करती हैं और इस दृष्टि से न्यायतः ऐसे पति ही 'भार्या' नाम के अधिकारी हैं।

'श्रद्धा' से किया गया प्रत्येक कार्य **श्राद्ध** है, पर अब केवल मरे हुए व्यक्ति की अन्त्येष्टि क्रिया को ही **श्राद्ध** कहते हैं। आज यदि किसी को **श्रद्धा** से आमंत्रित करें और उसके आने पर कहें कि "हम लोग आपका श्राद्ध कर रहे हैं" तो वह शायद बिगड़ खड़ा होगा।

वेदना का सम्बन्ध संस्कृत की 'विद्' धातु से है, जिसका अर्थ 'जानना' होता है। इस प्रकार सुख का ज्ञान और दुःख का ज्ञान दोनों **वेदना**

में निहित हैं। पर आज केवल दु:ख के ज्ञान के लिए **वेदना** का प्रयोग होता है। प्रसाद लिखते हैं :

आह! वेदना मिली विदाई।

वत्स, बाछा, बछेड़ा, पाड़ा, छौना, मेमना, शावक, पोआ, पिल्ला, तथा चूजा सभी का मूलत: अर्थ 'बच्चा' है पर अब **वत्स** मनुष्य के बच्चे को, **बाछा** गाय के बच्चे को, **बछेड़ा** घोड़े के बच्चे को, **पाड़ा** भैंस के बच्चे को, **छौना** हिरन के बच्चे को, **मेमना** भेड़ के बच्चे को, **शावक** पशु तथा पक्षी के बच्चे को, **पोआ** साँप के बच्चे को, **पिल्ला** कुत्ते के बच्चे को तथा **चूजा** मुर्गी के बच्चे को कहते हैं। कहना न होगा कि ये सभी दुबले हो गए हैं।

मूलत: **घृत** उसे कहते हैं जिससे सींचा जाए। इसी कारण कोषों[1] में **घृत** का अर्थ 'घी' के साथ-साथ 'पानी' भी मिलता है। पर आज **घृत** केवल घी के लिए प्रयुक्त होता है।

मुर्ग़ फ़ारसी भाषा का शब्द है। इसका अर्थ 'पक्षी' होता है। शुतुरमुर्ग (जिसका अर्थ 'वह पक्षी जो ऊँट (शुतुर) की तरह हो' होता है) में **मुर्ग़** का यह अर्थ स्पष्ट है, किन्तु अब **मुर्ग़** एक विशेष पक्षी के लिए प्रयुक्त होने लगा है।

रदन का मूल अर्थ है वह चीज़ जिससे किसी को फाड़ा जाए। इस दृष्टि से 'कुल्हाड़ी' और 'आरा' आदि **रदन** कहलाने के अच्छे अधिकारी हैं, पर अब केवल दाँत को **रदन** कहते हैं।

इनसान का सम्बन्ध अरबी शब्द 'निसियान' (भूलना) से है। अर्थात् **इनसान** वह है जो भूल करे। इस दृष्टि से सभी जीव (एक ख़ुदा को छोड़कर) 'इनसान' हैं। कुछ लोग 'इंनसान' का सम्बन्ध अरबी शब्द उन्स (प्रेम) से मानते हैं। अर्थात् **इनसान** वह है जो प्यार करे। इस दृष्टि से तो क्या चीता,

1. देखिए, 'संस्कृत इंगलिश डिक्शनरी'—आप्टे

क्या हाथी, क्या मनुष्य और क्या भगवान् (जो प्रेम के भंडार हैं) सभी **इनसान** हैं, पर आज **इनसान** केवल आदमी को कहते हैं। कभी-कभी तो उस आदमी को ही **इनसान** कहते हैं, जिसमें 'इनसानियत' हो : 'आदमी को भी मयस्सर कहाँ इन्साँ होना।'

'विश्' का प्राचीन अर्थ मनुष्य-मात्र है। वेदों में यह शब्द सभी के लिए आया है। उससे बना 'वैश्य' का भी अर्थ वेदों में 'सामान्य जनता' लिया गया है। **वेश्या** (जो **वैश्य** का स्त्रीलिंग है तथा जिसका अर्थ सामान्या या सामान्य स्त्री होता है, जो जनता के लिए हो) शब्द आज भी उस पुराने अर्थ की याद दिलाता है। किन्तु आज **वैश्य** का अर्थ केवल 'बनिया' ब्राह्मण, क्षत्रिय, शूद्र, को छोड़कर (चौथा वर्ण) होता है।

संक्षेप में कुछ और उदाहरण लीजिए। **पुर** (शरीर) में रहनेवाली सभी आत्माएँ 'पुरुष' हैं, पर केवल मर्द (स्त्री नहीं) के लिए इसका प्रयोग होता है। जो बढ़े वह **द्रुम** है, पर आज केवल लता या पेड़ आदि को ही **द्रुम** कहते हैं। **दुहिता** वह है जो गाय दूहे। किन्तु आज इसका सीधा-सादा अर्थ 'लड़की' है। 'ननद' (ननान्दृ) वह है जो भौजाई को सताये। इस दृष्टि से वे देवर भी तो **ननद** हैं जो भौजाई को सताते हैं, किन्तु आज केवल पति की बहन ही 'ननद' है। 'वह्नि'[1] वह है जो वहन करे, ढोये या ले जाए। इस दृष्टि से रेल, मोटर, साइकिल तथा इक्के आदि सभी **वह्नि** हैं और आग से ज़्यादा इस नाम के अधिकारी हैं, किन्तु आज केवल आग को **वह्नि** कहते हैं। **कष्ट** का धातु की दृष्टि से अर्थ है 'वह जिससे परीक्षा हो।' पर इस दृष्टि से इम्तहान ही सबसे बड़ा **कष्ट** है तथा और भी बहुत-सी चीज़ें और बातें **कष्ट** हैं, किन्तु आज केवल 'दु:ख' को कष्ट कहते हैं। मज़ा तो यह है कि बहुत-से **कष्ट** ऐसे भी हैं जिनसे परीक्षा का कोई सम्बन्ध भी नहीं है। **चार्वाक** वह है जिसकी बोली मीठी हो (चारु-वाक्)। किन्तु आज केवल

1. आग हवन की हुई वस्तुओं को देवताओं तक ले जाती थी, अत: कर्मकांडियों ने इसे 'वह्नि' की संज्ञा दी।

अनीश्वरवादियों को 'चार्वाक' कहते हैं। यद्यपि सभी कभी-न-कभी मीठी बोली बोलते हैं, अत: इस दृष्टि से सभी **चार्वाक** हैं।

शब्दों के दुबले होने में कभी-कभी ऐसा भी देखा जाता है कि मूल शब्द तो अपने प्राचीन अर्थ में प्रयुक्त होता है किन्तु उससे विकसित उसी भाषा, उसी भाषा की किसी बोली या किसी अन्य भाषा में प्रयुक्त शब्द दुबला हो जाता है। 'मूल' शब्द हिन्दी में अपने मूल अर्थ 'जड़' के लिए प्रयुक्त होता है। किन्तु उसी 'मूल' से विकसित **मूली** शब्द केवल एक तरकारी-विशेष की जड़ के लिए प्रयुक्त होता है। **कीट** शब्द का अर्थ रेंगनेवाला जीव है। हिन्दी में आज भी इसका प्राय: यही अर्थ है, किन्तु भोजपुरी में इसी से विकसित शब्द **कीरा** केवल साँप के लिए प्रयुक्त होता है। **गन्ध** के सम्बन्ध में भी यही बात है। **गन्ध** का अर्थ है महक, जिसमें अच्छी और बुरी (दुर्गन्ध और सुगन्ध) दोनों सम्मिलित हैं, पर अवधी में **गँधाना** का अर्थ केवल 'बदबू करना' होता है। इसी प्रकार **बास** का अर्थ भी 'महक' है, पर भोजपुरी में 'बसाना' का अर्थ 'बदबू करना' होता है। 'गँधाना' की भाँति ही यह दुबला हो गया है। दिल्ली में तथा आसपास 'बू' का अर्थ 'बदबू' है जबकि मूलत: यह 'बू' है, न बदबू, न खुशबू। संस्कृत का प्रसिद्ध ज़हरवाची शब्द **विष** है। आज भी संस्कृत या हिन्दी आदि में **विष** का अर्थ ज़हर ही होता है, पर अरबी में पहुँचकर यह शब्द 'बेख' हो गया है और वहाँ इसका प्रयोग सामान्य ज़हर के लिए न होकर एक खास ज़हर के लिए होता है।

ज़नाना शब्द फ़ारसी का है जिसका अर्थ 'औरत' या 'औरतों का' होता है। किसी भी चीज़ के लिए इसका प्रयोग कर सकते हैं। ज़नाना महल, ज़नानी बोली, ज़नाना कपड़ा, ज़नानी चाल तथा ज़नानी लिखावट आदि। पर वही **ज़नाना** शब्द अंग्रेज़ी में जाकर 'Zenana' हो गया है और वहाँ इसका अर्थ केवल **ज़नाना** महल या **ज़नानख़ाना** होता है। **पंकज** (मूलत: पंक में जन्मी कोई भी चीज़), **विद्यार्थी** (कोई भी जो विद्या चाहे), **सब्ज़ी** (कोई भी हरी चीज़) भी इसके अच्छे उदाहरण हैं।

शब्दों के दुबले होने के विषय में एक और बात भी द्रष्टव्य है। कभी-कभी ऐसे भी अर्थ-संकोच देखने में आते हैं जहाँ एक ही शब्द सन्दर्भ-विशेष में अपना विशेष संकुचित या दुबला अर्थ रखता है और यों विस्तृत अर्थ। यों कोई भी गोल वस्तु **गोली** कही जा सकती है, पर सिपाही की **गोली**, दर्ज़ी की **गोली**, खिलाड़ी की **गोली** तथा वैद्य की **गोली** इन सबमें 'गोली' का अर्थ सीमित हो गया है। **क़लम** शब्द भी इसी प्रकार का है। शिशु कक्षा के विद्यार्थी का **क़लम** (सरकंडे का क़लम) मिडिल के विद्यार्थी का **क़लम** (होल्डर या निब), एम.ए. के विद्यार्थी का **क़लम** (फ़ाउंटेनपेन), माली का **क़लम** (पेड़ों को क़लम करना) तथा नाई का **क़लम** (कान के पास के बाल सीधे काटना)—ये सभी भिन्न और सीमित हैं। यों 'क़लम' का धात्वर्थ है 'वह जो काटा जाए।' यह बात दूसरी है कि 'बात' भी काटी जाती है, पर उसे **क़लम** कहने की धृष्टता शायद कभी किसी ने नहीं की। साड़ी तथा नदी के किनारे, या अन्धे, चरवाहे तथा जादूगर का डंडा, ये सब भी इस वर्ग के अच्छे उदाहरण हैं।

किसी के दुबले होने पर प्रसन्न होना या किसी के दुबले होने की कामना करना तो नीचता होगी, किन्तु जैसा कि ऊपर ब्रील का मत देते हुए कहा जा चुका है कि जो भाषा जितनी ही समुन्नत होगी उसमें शब्दों के दुबले होने के उदाहरण उतने ही अधिक मिलेंगे, हम यहाँ अन्त में नीच की संज्ञा स्वीकार करते हुए भी राष्ट्रभाषा के हितार्थ कामना कर सकते हैं कि हिन्दी के अधिकाधिक शब्द दुबले हों और इस प्रकार वह अधिकाधिक समुन्नत हो।

शब्द घिसते हैं

जीवन के उत्थान-पतन, सुख-दुःख एवं फूल-काँटों का सामना करते-करते आदमी वृद्ध हो जाता या घिस जाता है। शब्द भी इसी प्रकार घिस जाते हैं।

उपाध्याय हमारा परिचित शब्द है। यों इसका अर्थ शिक्षक, आचार्य या गुरु होता है, किन्तु तिवारी, पांडे, द्विवेदी, चतुर्वेदी और पाठक आदि की भाँति ब्राह्मणों की यह एक पूँछ भी है। इसी भाँति ब्राह्मणों की दो पूँछें **ओझा** तथा **झा** भी हैं। भाषा-शास्त्रियों का कहना है कि **उपाध्याय** शब्द ही घिसकर **ओझा** हुआ है और फिर **ओझा** घिसकर **झा** हो गया है। बेचारा कहाँ तो अच्छा-खासा आठ फुट (आठ वर्ण) का कद्दावर जवान था और कहाँ घिस-घिसाकर 'झा' के रूप में दो फ़ुट (वर्ण) का बौना रह गया है।

शब्दों के घिसने में कुछ ध्वनियों का लोप हो जाता है। लोप सामान्यतः तीन प्रकार का होता है :

(1) स्वर लोप,
(2) व्यंजन लोप,
(3) अक्षर (syllable) लोप।

पुनः इन तीनों के तीन-तीन भेद हो सकते हैं :

(1) आदि लोप,
(2) मध्य लोप,
(3) अन्त लोप।

इस प्रकार लोप को कुल नौ वर्गों में रखा जा सकता है :

(1) **आदि स्वर लोप**—इसमें आरम्भ के स्वर के लुप्त हो जाने के कारण शब्द घिस जाता है या उसकी लम्बाई कम हो जाती है। जैसे **अनाज** से **नाज**, **अंगर** से **गर**, **एकादश** से **ग्यारह**, **अरघट्ट** से **रहँट** तथा **आभ्यन्तर** से **भीतर** आदि।

(2) **मध्य स्वर लोप**—इसमें बीच के स्वर का लोप हो जाता है। उदाहरणतः **शाबाश** से **साबस** तथा अंग्रेज़ी में do not से dont आदि। हिन्दी में तो इधर बहुत-से शब्दों में मध्य स्वर लोप हो गया है, यद्यपि अभी लोग लिखते नहीं। बोलने की दृष्टि से **बलदेव** का **बल्देव**, **कृपया** का **कृप्या** तथा **चलता** का **चल्ता** आदि द्रष्टव्य हैं।

(3) **अन्त स्वर लोप**—इसमें शब्दान्त का स्वर लुप्त हो जाता है। हिन्दी के तो आज के सभी शब्द, जिनके अन्त में संस्कृत में 'अ' था, इसके उदाहरण बन गए हैं। हम लोग **राम** न कहकर **राम्** कहते हैं। इसी प्रकार 'मोहन्', 'पाप्', 'हम्', 'आप्' तथा 'तुम्' आदि।

(4) **आदि व्यंजन लोप**—इसमें आरम्भ के व्यंजन का लोप हो जाता है। **स्थान** से **थान** तथा **श्मशान** से **मसान**। अंग्रेज़ी में बहुत-से शब्दों में उच्चारण की कठिनाई से यह लोप हो गया है, यद्यपि अभी तक लोग लिखते पुरानी ही तरह से हैं। हाँ, अमरीका में

अवश्य इस प्रकार के कुछ अक्षरों को लिखने में भी छोड़ा जा रहा है। कुछ उदाहरण लिये जा सकते हैं :

लिखित रूप	उच्चरित रूप	लिखित रूप	उच्चरित रूप
knife	nife	know	no
Gnaw	naw	write	rite

(5) **मध्य व्यंजन लोप**—इसमें बीच के व्यंजन का लोप हो जाता है। उदाहरणत: **सूची** से **सूई, घर-द्वार** से **घर-बार, कार्तिक** से **कातिक** तथा **कोकिल** से **कोइल** (कोयल) आदि। प्राकृत भाषाओं में इस प्रकार के बहुत उदाहरण मिलते हैं। नमूने के लिए **बचन** से **बअण** देखा जा सकता है। ग्रामीण हिन्दी भी इसके उदाहरणों से भरी पड़ी है। **भूमिहार** से **भुइँहार** या **उपवास** से **उपास** आदि। अंग्रेज़ी में भी वाल्क (walk) के उच्चरित रूप **वाक, टाल्क** (talk) के उच्चारित रूप **टाक** या **आफ़्टेन** (often) के उच्चरित रूप **ऑफ़्न** में यही बात है।

(6) **अन्त व्यंजन लोप**—इसमें अन्त का व्यंजन लुप्त हो जाता है। उदाहरण के लिए संस्कृत **निम्ब** से हिन्दी **नीम** या **जीव** से **जी** या अंग्रेज़ी bomb से '**बम**' आदि देखे जा सकते हैं।

(7) **आदि अक्षर (स्वर + व्यंजन) लोप**—इसमें आरम्भ के अक्षर (syllable) का लोप हो जाता है। जैसे **आदित्यवार** से **इतवार**।

(8) **मध्य अक्षर लोप**—इसमें मध्य के अक्षर का लोप हो जाता है, जैसे **बरुजीवी** से **बरई, राजपुत्र** से **राउर** तथा **फलाहारी** से **फलारी** या **फलाहार** का **फलार** आदि।

(9) **अन्त अक्षर लोप**—इसमें अन्तिम अक्षर का लोप हो जाता है। उदाहरण के लिए **मौक्तिक** से **मोती, माता** से **माँ** तथा **भ्रातृजाया** से **भावज** आदि।

इन नौ के अतिरिक्त एक और लोप होता है जिसे समध्वनि लोप कहते हैं। इसमें यदि दो समान वर्ण एक स्थान पर रहते हैं तो उच्चारण की सुविधा के लिए एक का लोप हो जाता है। जैसे **नाककटा** से **नकटा,** parttime से partime, **खरीददार** से **खरीदार** तथा **मानससरोवर** का **मानसरोवर** आदि।

शब्दों के घिसने या छोटे होने का यह तो शास्त्रीय विवरण था। अब कुछ मनोरंजक उदाहरण लिये जा सकते हैं।

व्यंजनपूर्व 'स्' से आरम्भ होनेवाले कई शब्दों पर जाने कौन ग्रह सवार था कि बेचारे घिसकर छोटे हो गए। **स्थाली थाली** रह गई है, मध्य काल में **स्थल** बेचारा **थल** हो गया, **स्नेह** का **नेह** बचा और **स्थाणु** का केवल **थूनी** शेष है। इसी प्रकार संस्कृत के बहुत-से संख्यावाची शब्द हिन्दी में घिसकर बहुत छोटे हो गए हैं।

संस्कृत	**हिन्दी**
चत्वारि	चार
ऊनविंशति	उन्नीस
त्रयोविंशति	तेईस
षट्त्रिंशत्	छत्तीस
उनपंचाशत	उनचास
एकोनाशीति	उनासी

दो पहियों की गाड़ी होने के कारण **साइकिल** का पहला नाम **बाइसाइकिल** या **बाइसिकिल** था। बाद में घिसकर यह **साइकिल** रह गया। **अक्षवाटक** बेचारा दिन-रात कुश्ती, कसरत और पहलवानों के साथ में रहता है, फिर भी मोटा होने की कौन कहे, इसका शरीर उलटे घिसकर **अखाड़ा** हो गया है। **उपानहिका** का घिसकर **पनही** होना तो स्वाभाविक है, क्योंकि सभी इसे पैरों तले रगड़ते हैं। **शाटिका** और **अधोवस्त्रिता** शायद रोज़ धोये जाने के कारण घिसकर **साड़ी** और **धोती** हो गए हैं। **आरात्रिक** का **आरती,**

अनध्याय का **अंझा, अक्षय तृतीया** का **आखातीज** तथा **मृत्तिका** का **मिट्टी** भी इसके अच्छे उदाहरण हैं।

शब्दों का इस प्रकार घिसकर छोटा होना सभी भाषाओं में पाया जाता है। इसके कई कारण हैं। कभी-कभी तो उच्चारण की सुविधा के लिए ही शब्द घिस जाते हैं। **स्थाली** का **थाली** या **क्नाइफ़** knife का **नाइफ़** इसीलिए हुआ है। शालिग्राम के पत्थर नदी में चलते-चलते घिसकर चिकने तथा सुन्दर हो जाते हैं। इसी प्रकार शब्द भी घिसकर चिकने तथा सुन्दर हो जाते हैं। संस्कृत का **अग्रहायण** शब्द घिसकर हिन्दी में **अगहन** हो गया है। दोनों को देखने से स्पष्ट हो जाता है कि एक कुडौल और ऊबड़-खाबड़ है तो दूसरा सुडौल। इस प्रकार हम देखते हैं कि घिसने से भाषा में कोमलता आती है और उसकी 'रवानी' में वृद्धि हो जाती है। इसी दृष्टि से प्राकृतवाले प्राकृत को संस्कृत से कोमल कहते थे।

कभी-कभी संक्षेप के लिए जान-बूझकर हम लोग शब्दों को घिस देते हैं या काटकर छोटा कर देते हैं। आजकल समय की कमी और व्यस्त जीवन के कारण यह प्रवृत्ति और बढ़ गई है। यदि **रामगोपाल सिनहा** कहना हो तो **आर.जी. सिनहा, रा.गो. सिनहा** या केवल **सिनहा** कहकर हम काम चलाते हैं। **यूनाइटेड स्टेट ऑफ़ अमेरिका** का **यू.एस.ए., उत्तर प्रदेश** का **यू.पी., मध्य प्रदेश** का **एम.पी., यूरोप-एशिया** का **यूरेशिया, भारत-यूरोपीय** का **भारोपीय, संयुक्त विधायक दल** का 'संविद', आन्तरिक सुरक्षा क़ानून का 'आंसुका' तथा '**भारतीय लोक दल**' का 'भालोद' आदि इसके प्रचलित अच्छे उदाहरण हैं।

ये संक्षेप तो व्यक्तिवाचक संज्ञाओं के हैं। जातिवाचक में भी इसके उदाहरण मिल जाते हैं। **रेल रेलगाड़ी** की लाइन या पटरी को कहते हैं। **रेल** पर चलने के कारण ट्रेन को **रेलगाड़ी** कहते हैं, पर, अब **रेलगाड़ी** को संक्षेप करके केवल **रेल** या **गाड़ी** कहने की प्रवृत्ति चल पड़ी है। इसी प्रकार **तार की ख़बर** के लिए अब हम केवल **तार** कहकर काम चलाते हैं। **हाथी** का

पुराना नाम **हस्तिन् मृग** (हाथवाला जानवर) है। बाद में इसका **मृग** शब्द टूटकर अलग हो गया और **हस्तिन्** ही **हाथी** के लिए प्रयुक्त होने लगा। **रेलवे स्टेशन** से **स्टेशन**, **मोटरकार** से **कार** या **मोटर**, **कैपिटल सिटी** से **कैपिटल** तथा **प्रिंसिपल टीचर** से **प्रिंसिपल** भी इसके अच्छे उदाहरण हैं।

इस प्रकार शब्द कभी तो भाषा के प्रवाह में स्वयं घिसकर छोटे हो जाते हैं और कभी-कभी बोलनेवाले अपनी सहूलियत के अनुसार घिसकर या काटकर उन्हें छोटा कर लेते हैं। शब्दों का इस प्रकार घिसा-कटा रूप भाषा को सरल, संक्षिप्त और प्रवाहपूर्ण बनाता है।

शब्द मरते हैं

'धरा को प्रमान यही तुलसी, जो फरा सो झरा, जो बरा सो बुताना'।

—तुलसी

संसार में जो पैदा होता है, मरता है। शब्द भी इसके अपवाद नहीं। वे भी पैदा होते हैं और मरते हैं। प्रत्येक भाषा का एक अपना 'शब्द-भंडार' या 'शब्द-समूह' होता है। वह सर्वदा एक स्थिति में नहीं रहता। उसमें हमेशा परिवर्तन होते रहते हैं। ये परिवर्तन दो प्रकार के होते हैं :

1. नवीन शब्दों का आगमन
2. प्राचीन शब्दों का लोप

पहला कारण नवीन शब्दों का आगमन है। आगमन भी दो प्रकार से होते हैं। कुछ शब्द तो दूसरी भाषाओं से चले आते हैं, जिन पर संक्षेप में 'शब्द चलते हैं' शीर्षक अध्याय में विचार किया जा चुका है। कुछ शब्द बनते, बनाए जाते या पैदा होते हैं, जिन पर 'शब्द जनमते हैं' शीर्षक अध्याय में विचार किया गया है। शब्द-समूह में परिवर्तन का दूसरा कारण 'प्राचीन

या प्रचलित शब्दों का लोप' है। यही शब्दों का 'मरना' है। जिस शब्द का लोप हो जाता है या जिसका प्रयोग बन्द हो जाता है, वह मर जाता है।

शब्दों का मरना दो प्रकार का होता है। कभी-कभी तो शब्द सचमुच मर जाते हैं। आशय यह है कि बोलचाल और साहित्य से तो निकल ही जाते हैं, कोषों में भी उनका नाम-निशान नहीं रह जाता। इस प्रकार हम उन्हें पूर्णत: भूल जाते हैं। वैदिक काल के जाने कितने प्रयुक्त शब्दों का आज हमें बिलकुल पता नहीं है। इस प्रकार की मृत्यु केवल ऐसे शब्दों की होती है जो केवल बोलचाल तक सीमित रहते हैं, क्योंकि साहित्य में प्रयुक्त शब्द तो पुस्तकों में आ जाने के कारण प्रयोग में न रहने पर भी अपनी निशानी छोड़ जाते हैं, किन्तु दूसरी ओर बोलचाल के वे शब्द जो साहित्य में या कोश आदि में नहीं आ पाते, बोलचाल से निकलने पर सर्वदा के लिए लुप्त हो जाते हैं और उनकी यथार्थत: मत्यु हो जाती है।

शब्दों का दूसरे प्रकार का 'मरना' उस समय होता है जब शब्द बोलचाल से निकलकर केवल साहित्य में, या साहित्य से निकलकर केवल कोषों में रह जाते हैं। इस मृत्यु को आंशिक मृत्यु कह सकते हैं।

शब्दों का लोप (या उनकी मृत्यु) कई कारणों से होता है। कुछ प्रधान कारण यहाँ देखे जा सकते हैं :

(क) रीतियों और कर्मों का लोप

समाज परिवर्तनशील है। सर्वदा एक प्रकार के कार्य नहीं होते और न सर्वदा सामाजिक रीतियाँ ही एक-सी रहती हैं। ऐसी दशा में जिन कर्मों या रीतियों का लोप हो जाता है उनसे सम्बन्धित शब्द भी प्रयोग में न आने के कारण लुप्त हो जाते हैं। वैदिक समाज में 'यज्ञ' का बहुत प्रचलन था, आज उसका प्रचलन नहीं है अत: उसकी शब्दावली से हम बिलकुल अपरिचित हो गए

हैं। इस प्रकार आज वे शब्द अब मर गए हैं। यज्ञ-विषयक इस प्रकार के मृत शब्दों में न्यूङ्ख, स्थांडिल, अहीन, सथिक, संचाय्य आदि का उल्लेख किया जा सकता है। एक अन्य उदाहरण से बात स्पष्ट करें।

आज यहाँ खेती हल-बैल से हो रही है तो हल के साथ 'कानी', 'जुवाठ', 'नाधा', 'पैना' आदि बहुत-से शब्द प्रचलित हैं। यदि थोड़े दिन में ऐसा युग आए कि खेती पूर्णतः ट्रैक्टर आदि से होने लगे जैसा कि रूस, अमरीका आदि में होता है तो उपर्युक्त शब्द अप्रयुक्त होने के कारण स्वभावतः धीरे-धीरे लुप्त हो जाएँगे और उनके स्थान पर ट्रैक्टर आदि से सम्बन्धित अन्य शब्द प्रचलित हो जाएँगे।

(ख) रहन-सहन में परिवर्तन

रहन-सहन में परिवर्तन के कारण भी शब्दों को मरना पड़ता है, क्योंकि इस परिवर्तन के कारण बहुत-सी पुरानी वस्तुओं (कपड़ों, आभूषणों तथा अन्य रहन-सहन की चीज़ों) से हमारा सम्पर्क छूट जाता है; अतः उनके नाम या उनसे सम्बद्ध शब्द भाषा से निकल जाते हैं, लुप्त हो जाते हैं। पुराने खाद्य पदार्थों में 'मन्थ' (चावल को मथकर बनाया गया सत्तू), 'यावक' (जौ से बना एक खाद्य पदार्थ) तथा 'संयाव' (विशेष प्रकार का हलवा) की यही गति हुई है। जायसी के 'पद्मावत' में ऐसे बहुत-से जेवरों के नाम हैं जो आज मृत हो चुके हैं।

(ग) अश्लीलता

गुप्तांगों के नाम तथा उनसे सम्बन्धित विसर्जन या मैथुन के शब्द भी सर्वसाधारण

में प्रचलित होने पर सभ्य-समाज से बहिष्कृत हो जाते हैं। आज सभ्य-समाज में लिंग, भग, गुदा, सम्भोग, पेशाब करना, पाख़ाना होना, आबदस्त लेना, स्तन तथा अंडकोष आदि शब्द तो चलते हैं किन्तु इनके ही अन्य बहुत-से पर्याय ऐसे हैं जिनको केवल निम्न स्तर के अशिक्षित लोग ही प्रयुक्त करते हैं। पढ़े-लिखे या उच्च स्तर के लोग तो उनका नाम अकेले में भी नहीं ले सकते। इस प्रकार शिक्षित समाज के लोगों में इन शब्दों की मृत्यु हो गई है। 50 वर्ष में यदि यहाँ की शत-प्रतिशत जनता शिक्षित हो जाए तो ये शब्द भाषा से पूर्णत: निकाल बाहर कर दिये जाएँगे और उस दशा में इनकी पूरी मृत्यु हो जाएगी।

(च) पर्याय

कभी-कभी यह देखा जाता है कि जन-मस्तिष्क व्यर्थ में एक भावना के लिए कई शब्दों को अपने मस्तिष्क पर लादना नहीं पसन्द करता, अत: कुछ शब्दों का लोप हो जाता है।

पर्याय में एक या कई शब्दों के लोप में तो मनुष्यों की भाँति लड़ाई भी होती है। दो शब्द जब प्रचलन में आते हैं और किसी प्रकार ऐसी दशा आ जाती है कि एक ही प्रचलित रहेगा तो शब्द अपने अस्तित्व को क़ायम रखने के लिए आपस में युद्ध करते हैं। अन्त में एक हारकर मैदान छोड़ देता है और जो विजयी होता है। प्रचलन में रहता है।

मुसलमान जब भारत में आए तो उनके साथ अरबी-फ़ारसी तथा तुर्की के शब्द थे। यहाँ प्रचलित उनके पर्यायों से उनका युद्ध हुआ और कभी एक पक्ष की हार हुई तो कभी दूसरे की। इस सम्बन्ध में कुछ मनोरंजक उदाहरण लिये जा सकते हैं।

मुसलमान जब यहाँ आए तो 1000 की संख्या के लिए **सहस्त्र** (या

सहस) शब्द यहाँ था। उनके साथ फ़ारसी का **हज़ार** शब्द आया था। स्वभावतः दोनों शब्दों में अपने अस्तित्व के लिए युद्ध आरम्भ हुआ। युद्ध काफ़ी दिनों तक चलता रहा, किन्तु अन्त में **हज़ार** शब्द की विजय हुई, और **सहस्त्र** को मरना पड़ा। प्रचलित भाषा में **हज़ार** का ही आज एकछत्र राज्य है। **सहस** या **सहस्त्र** को कोई पूछनेवाला नहीं है। हाँ, इस युद्ध में एक बात और हुई है। लड़ाई में **हज़ार** बेचारे की एक अँगुली टूट गई है। जन-भाषा में उसे अपना बिन्दु खोकर **हज़ार** बनना पड़ा है। ख़ैर, मरने से तो अपनी अँगुली गँवाकर जीते रहना अच्छा ही है।

इसी प्रकार एक विजयी शब्द **कफ़न** है। यह शब्द अरबी का है। संस्कृत में **कफ़न** के लिए **शवाच्छादन** शब्द आता है। निश्चित है कि आज **शवाच्छादन** को न तो बोलचाल में हम प्रयुक्त करते हैं और न साहित्य में। इसका आशय यह है कि इन दोनों शब्दों में युद्ध हुआ तो **शवाच्छादन** को करारी हार ही नहीं खानी पड़ी अपितु मर भी जाना पड़ा। इसी कारण आज **कफ़न** सम्राट बना बैठा है।

तुर्की शब्द **कैंची** और संस्कृत **कर्तरी** या प्राकृत **कत्तरी** में भी इसी प्रकार युद्ध हुआ और **कर्तरी** या **कत्तरी** को जान से हाथ धोना पड़ा। आज **कैंची** के आगे कोई उसकी सुधि भी नहीं लेता, प्रयोग करना तो दूर है।

ये बातें तो कुछ पुरानी हैं। इधर हाल में भी हमारे कुछ शब्दों की हत्या हुई हैं, जिसका अपराध यूरोप से आनेवाले शब्दों के सर है। **गवाक्ष** का ख़ून पुर्तगाली शब्द **जँगला** तथा देशज शब्द 'खिड़की' ने कर डाला है। इस प्रकार सभी भाषाओं में एक पर्याय दूसरे का गला घोंटता दिखाई पड़ता है।

कबीर, जायसी, सूर तथा तुलसी की भाषा को आज यदि खँगाला जाए तो बहुत-से ऐसे शब्द प्रकाश में आ सकते हैं, जो उस समय साहित्य में प्रचलित थे, पर हम आज जिन्हें बिलकुल भूल गए हैं। इनमें से बहुत

तो ऐसे भी मिल सकते हैं जिन्हें प्रयोग द्वारा पुनर्जीवन प्रदान किया जाए तो हमारी भाषा की अभिव्यंजना बढ़ सकती है।

जायसी में एक ऐसा ही शब्द **परबिला** है। **परबिला** का अर्थ 'पहले जन्म का' होता है :

जस ऊखा कहँ अनिरुध मिला।
*मेटि न जाइ लिखा **परबिला**।*

आज यह शब्द भी मर गया है।

तुलसी में एक शब्द **गुदारा** भी इसी प्रकार का है :

*भा भिनुसार **गुदारा** लागा*

गुदारा का अर्थ नाव पर नदी पार करने की क्रिया होता है। यह शब्द भी अब जीवित नहीं है।

डॉ. अमरनाथ झा ने 'हिन्दुस्तानी' में 'हिन्दी के कुछ भूले हुए शब्द' शीर्षक एक लेख लिखा था। यह लेख उनके निबन्ध-संग्रह 'विचारधारा' में भी है। इस लेख में उन्होंने डेढ़ सौ से ऊपर शब्दों की एक सूची दी है, जिनकी मृत्यु इधर दो सौ वर्षों के भीतर हुई है। यह सूची उन्होंने जॉन शेक्सपीयर की 'हिन्दुस्तानी इंगलिश डिक्शनरी' के आधार पर तैयार की है। अंग्रेज़ों द्वारा सम्पादित हिन्दी या हिन्दुस्तानी डिक्शनरियों में प्राय: उस काल के प्रचलित शब्दों को ही विशेष स्थान दिया जाता था, क्योंकि वे मिशनरी तथा अफ़सर लोगों को हिन्दुस्तानी बोलने और हिन्दुस्तानी लोगों की बात समझने की योग्यता प्रदान करने के लिए बनाई जाती थीं। शेक्सपीयर, फ़ैलन, हैरिस तथा टेलर आदि के प्रसिद्ध कोषों के आधार पर इस प्रकार हाल में लुप्त हुए या मरे शब्दों की कई हज़ार की सूची बनाई जा सकती है। डॉ. झा की सूची में दिये गए कुछ हाल के मरे शब्दों के शव यहाँ देखे जा सकते हैं :

	शब्द	अर्थ
1.	उभराना	बरतन को ऊपर तक भर देना।
2.	अपटक	जो हाथ-पैर चलाने में असमर्थ हो।
3.	उजान	नदी के प्रवाह के विरुद्ध।
4.	अर्गनी[1]	कपड़ा सुखाने की रस्सी।
5.	असौं[2]	इस वर्ष।
6.	इंडुआ	कपड़े का टुकड़ा, जिस पर गट्ठर रखा जाए।
7.	भँभूआ	वह फ़क़ीर, जो चोरी करने को बाध्य होता है।
8.	पसर	मवेशी को रात को चराना।
9.	पोआना	धूप में सुखाना।
10.	फसकड़	ज़मीन पर पाँव फैलाकर बैठना।
11.	ततरी	चपला कुमारी।
12.	थाँग	चोरों का अड्डा।
13.	त्योंधा	जिसे कुछ कम दिखाई दे।
14.	चफाल	ऐसा स्थान जिसके चारों ओर दलदल हो।
15.	दसौंधी	प्रशंसात्मक कविता लिखने वाला।
16.	डाबक	कुएँ का ताज़ा पानी।

ये सब अभी हाल में मरे हैं। यदि ध्यान दें तो स्पष्ट हुए बिना न रहेगा कि उपर्युक्त शब्दों में अधिकांश के लिए हमारी हिन्दी में कोई एक शब्द नहीं है।

इनकी मृत्यु के सम्बन्ध में ऊपर के किसी भी कारण ने काम नहीं किया है। साहित्य में इनकी अनुपस्थिति का शायद प्रधान कारण यह है कि इधर नवीन जागरण के बाद हमने जब अपने साहित्य का निर्माण प्रारम्भ किया तो ग्रामीण शब्दों को पूर्णतः छोड़ ही दिया। ऐसी दशा में हमारे लिए दो ही स्रोत थे। एक तो हमने सभ्य लोगों में प्रचलित खड़ी बोली की शब्दावली ग्रहण

1-2. ये शब्द भोजपुरी में अब भी प्रयुक्त होते हैं।

की और उससे भी जहाँ काम नहीं चला वहाँ संस्कृत, अरबी-फ़ारसी तथा अंग्रेज़ी आदि के शब्द ग्रहण किये। प्राचीन हिन्दी-कवियों के शब्दों का कोई संग्रह हमारे समक्ष न था, अत: उसका सहारा न ले सके। आज हमारी शब्दों की समस्या काफ़ी सुलझ जाए यदि भक्तिकालीन हिन्दी-साहित्य तथा ग्रामीण बोलियों के समर्थ शब्दों को संगृहीत करके हम प्रयोग करने लगें। अस्तु।

इस प्रकार हम देखते हैं कि शब्द मरते हैं। कुछ शब्द जिनकी हमें आवश्यकता नहीं है, उनका मरना तो ठीक ही है, किन्तु कभी-कभी ऐसे शब्द भी मर जाते हैं जिनकी हमें अत्यन्त आवश्यकता है और जिनके न होने के कारण हम अपनी बातों को घुमा-फिराकर कहते हैं या एक शब्द के स्थान पर एक या दो पंक्ति में भाव व्यक्त करना पड़ता है। ऐसे मरे शब्दों को हमें पुनः ले लेना चाहिए। कहना अनुचित न होगा कि मरे शब्दों का अध्ययन मनोरंजक तथा ज्ञानवर्धक एवं समाज की विभिन्न बातों का प्रकाशक होने के साथ-साथ भाषा को समृद्ध करने की दृष्टि से भी आवश्यक है।

हमारे पारिवारिक शब्द

'परिवार' मानव-समाज की सबसे महत्त्वपूर्ण संस्था है। उसे समाज का आधार भी कहें तो अत्युक्ति न होगी। वहीं सर्वप्रथम मनुष्य या व्यक्ति ने अपने-आपको बाँधना सीखा और बाँधना सीखकर ही, अपने को बाँधकर वह समाज बना सका। 'परिवार' या 'समाज' अनेक व्यक्तियों का बँधा या सुश्रृंखलित रूप ही तो है। इसी कारण संस्कृत में परिवार की व्युत्पत्ति की गई है : 'परिव्रियते अनेन' (शब्द-कल्पद्रुम), अर्थात् 'जिसमें व्यक्ति घेरा जाए वह परिवार है'। किन्तु यह बात आश्चर्यजनक है कि परिवार बाह्यतः व्यक्ति को बाँधकर या घेरकर भी भीतर से उसे मुक्त कर देता है। वहीं उसे 'स्व' का बन्धन तोड़कर दूसरे के सुख-दुख को अपना मानने की पहली ट्रेनिंग मिलती है।

'परिवार' के मूल स्त्री-पुरुष हैं। सभी नातों-रिश्तों का आधार यही है। दूसरे शब्दों में सभी सम्बन्ध इन्हीं के सम्बन्धों पर आधारित हैं। विभिन्न सम्बन्धों के सूचक पारिवारिक शब्द सांस्कृतिक दृष्टि से बड़े ही महत्त्वपूर्ण हैं। यदि ध्यान दिया जाए तो यह स्पष्ट होते देर नहीं लगेगी कि सभी संस्कृतियों या भाषाओं में इन शब्दों का भंडार एक-सा नहीं होता। उदाहरण के लिए, हिन्दी और अंग्रेज़ी के ही पारिवारिक सम्बन्धसूचक शब्दों को लें, हम देखेंगे

कि दोनों में पूर्ण समानता नहीं है। माता-पिता, भाई, बहिन, चाचा, चाची, भतीजा, भतीजी आदि कुछ सम्बन्धसूचक शब्द तो ऐसे हैं, जो दोनों में ही हैं, किन्तु दामाद, ससुर, सास, साला, बहनोई, मौसी, मामा, मामी, बहू, नाती, पोता आदि ऐसे अनेक शब्द हैं, जिनके लिए हमारे यहाँ तो स्वतंत्र शब्द हैं, किन्तु अंग्रेज़ी में स्वतंत्र शब्द नहीं हैं। वहाँ इन-ला (in-law) आदि जोड़कर इनके लिए आवश्यकतानुकूल शब्द बना लिए जाते हैं, जैसे 'फ़ादर-इन-ला' ससुर के लिए, या मामा के लिए 'मैटरनल अंकल' आदि। इसका आशय यह है कि इन रिश्तेदारों का भारतीय परिवार में प्राचीन काल से स्थान था, इसीलिए उनके स्वतंत्र नामकरण की आवश्यकता पड़ी, किन्तु अंग्रेज़ परिवार में इनका स्थान नहीं था, इसलिए इनके लिए स्वतंत्र शब्दों की आवश्यकता का अनुभव नहीं हुआ। इस प्रकार भारत का पारिवारिक क्षेत्र अपेक्षाकृत बड़ा रहा है। यों इस दृष्टि से भारत में सर्वदा एकरूपता नहीं रही है। उदाहरणार्थ 'मौसी' और 'फूफी' का तो परिवार में प्राचीन काल में अपने यहाँ स्थान था, इसलिए इनके लिए क्रम से 'मातृष्वसा' और 'पितृष्वसा' शब्द थे, किन्तु 'मौसा' और 'फूफा' के लिए परिवार में कदाचित् कोई विशेष स्थान नहीं था; इसलिए उनके लिए स्वतंत्र शब्द की आवश्यकता नहीं थी। हिन्दी के ये शब्द आधुनिक काल में 'मौसी' और 'फूफी' के आधार पर बनाए गए हैं। इस दृष्टि से हमारा पारिवारिक क्षेत्र आधुनिक काल में कुछ विस्तृत हो गया है।

यहाँ कुछ अत्यन्त प्रमुख पारिवारिक सम्बन्धसूचक शब्दों पर संक्षेप में प्रकाश डाला जा रहा है।

माता—'माता' शब्द भारोपीय परिवार के प्राचीनतम शब्दों में से है। आर्य, इसका प्रयोग भारत में आने के पूर्व से कर रहे हैं। इसी कारण ग्रीक meter, लैटिन mater, लिथुवानियन mote, स्लाव mati, जर्मन muotar, mutter, आइसलैंडिक modir, डच moeder, संस्कृत मातृ, तथा अंग्रेज़ी mother आदि रूपों में यह अनेक भाषाओं में विभिन्न रूपों में मिलता है। संस्कृत के पंडितों ने इसकी व्युत्पत्ति अनेक प्रकार से दी है। वाचस्पत्य,

शब्द-कल्पद्रुम आदि कोशों में इसका सम्बन्ध निर्माणवाची 'मा' धातु से माना गया है। अर्थात् जो निर्माण करे वह 'माता' है। 'पूजा करना' या 'आदर करना' अर्थ की धातु 'मान्' से भी कुछ लोग 'माता' का सम्बन्ध मानते हैं; अर्थात् जिसकी पूजा हो या जिसका आदर किया जाए वह माता है। मापने के अर्थ में भी संस्कृत की एक धातु 'मा' है। एक तीसरे मतानुसार माता का सम्बन्ध इसी धातु से है। लैटिन या अंग्रेज़ी matrix (साँचा) का सम्बन्ध भी इसी से है, अर्थात् माता वह साँचा है जो पुत्र को अपने में ढालती है। अंग्रेज़ी मैट्रिक और मैट्रिकुलेट भी मूलत: इसी से सम्बद्ध है। वहाँ भी लड़के प्रवेश पाकर ढलते हैं। वैज्ञानिक दृष्टि से उपर्युक्त सभी व्युत्पत्तियाँ कपोलकल्पना हैं। वस्तुत:, माता शब्द पुराना है, जैसा कि ऊपर के उदाहरणों से स्पष्ट है। उस समय किसी शब्द के धातु के आधार पर निर्माण की सम्भावना नहीं थी। कदाचित् यह नर्सरी शब्द है और इसका आधार अनुकरणात्मक शब्द 'मा' है।

पिता—'माता' की भाँति 'पिता' भी हमारे भाषा-परिवार का अत्यन्त पुराना शब्द है। अवेस्ता पिता, ग्रीक pater, लैटिन pater, जमन vater, गौथिक fadar, अंग्रेज़ी father, संस्कृत पितृ आदि रूपों में यह अनेक प्राचीन और आधुनिक भाषाओं में पाया जाता है। इसका सम्बन्ध प्राय: 'पा' (पालना) धातु से माना जाता है, अर्थात् जो सन्तान का पालन करे वह पिता है। माता की भाँति ही इसकी व्युत्पत्ति भी मात्र कल्पना है। यह भी नर्सरी शब्द है और इसका आधार अनुकरणमूलक शब्द 'पा' से है। वस्तुत: छोटे बच्चे यों ही 'पा', 'मा' जैसे ओष्ठ्य ध्वनियुक्त शब्दों का उच्चारण बोलने के प्रारम्भिक दिनों में करते हैं और संयोगवश लोगों ने उन्हें पिता-माता के लिए प्रयुक्त शब्द मान लिये हैं। इस श्रेणी के अनेक शब्दों का विकास इसी प्रकार (पा, मा, ता, दा) आदि अनुकार शब्दों से हुआ ज्ञात होता है।

पत्नी, भार्या—'पत्नी' शब्द भारतीय परिवार का बहुत पुराना शब्द नहीं है। इसीलिए इससे मिलते-जुलते शब्द संस्कृत से सम्बद्ध अन्य भाषाओं

में नहीं हैं। व्याकरण की दृष्टि से इसका सम्बन्ध 'पति' शब्द से है। जिसका 'पति' से सम्बन्ध हो वह पत्नी (पति-ङीम् नुक्) है। पत्नी के लिए एक शब्द भार्या भी है। भार्या का अर्थ है 'भरण की जाने योग्य'। अर्थात् पति, पत्नी का भरण-पोषण करता है, इसीलिए उसका नाम भार्या है। यह बात दूसरी है कि आजकल अनेक भार्याएँ अपने पति का ही भरण-पोषण करती हैं, ऐसी स्थिति में वस्तुतः ऐसे ही पति भार्या संज्ञा के अधिकारी हैं।

पति, भर्ता—'पत्नी' की भाँति ही 'पति' भी बहुत पुराना शब्द नहीं है। यह शब्द 'पा' (रक्षा करना) धातु से है और इसका अर्थ है (पत्नी का) रक्षक। दुर्भाग्य है कि इस युग में बहुत से लोग पति संज्ञा के अधिकारी होकर भी 'पत्नी' की रक्षा में अपने को असमर्थ पा रहे हैं। यों अधिकांश स्त्रियाँ भी अब अपनी रक्षा की अपेक्षा नहीं रखतीं और वे स्वयं पति की रक्षिका-जैसी हैं। इस रूप में यथार्थ पति वे ही हैं।

जिस प्रकार पति-पत्नी सम्बद्ध शब्द हैं, उसी प्रकार भार्या-भर्ता भी हैं। 'भार्या' 'भरण करने योग्य' है तो 'भर्ता' 'भरण करनेवाला' है।

पुत्र—आजकल पुत्र पिता के लिए एक समस्या है—हर दृष्टि से। ठीक उसी प्रकार 'पुत्र' शब्द भाषाविज्ञानवेत्ताओं के लिए भी एक समस्या है—व्युत्पत्ति की दृष्टि से। उसकी व्युत्पत्ति के सम्बन्ध में भारत में प्रचलित पुराना मत बहुत विचित्र है। लोगों का यह विश्वास रहा है कि मनुष्य पैदा होते ही तीन या चार ऋणों में दब जाता है। इनमें एक अत्यन्त महत्त्वपूर्ण ऋण 'पितृऋण' है। पितृऋण से मुक्ति पाने के लिए पुत्र उत्पन्न करना आवश्यक है। इस प्रकार जिसे पुत्र पैदा नहीं होता वह पितृऋण का ऋणी रहता है और मरने पर उसे इस अपराध के लिए 'पुत्' नाम के नरक में जाना पड़ता है। अर्थात् यदि पुत्र पैदा हो जाए तो 'पुत्' नरक में नहीं जाना पड़ता। इसी विश्वास के आधार पर पुत्र को 'पुत्' नरक से त्राण देनेवाला अर्थात् 'पुत् + त्र' कहा गया। इसीलिए पंडितों के अनुसार पुत्र लिखना अशुद्ध है, इसे पुत् त्र (पुत् नरक से तारनेवाला) लिखना चाहिए। पुत्र की यह व्युत्पत्ति गोपथ

ब्राह्मण, निरुक्त, रामायण, महाभारत तथा मनुस्मृति आदि अनेक प्राचीन ग्रन्थों में मिलती है।

निरुक्तकार कहता है—पुत्रः पुरू त्रायते निपरणाद्वा पुन्नरकं ततस्त्रायते इति बा। मनु कहते हैं :

पुन्नाम्नो नरकाद् यस्मात् त्रायते पितरं सुतः।
तस्मात् पुत्रः इति प्रोक्तः स्वयमेव स्वयम्भुवः।

किन्तु कहना न होगा कि यह व्युत्पत्ति एक सुन्दर कल्पना मात्र है। इसकी दूसरी व्युत्पत्ति 'पुष्' (पोषण करना) धातु से मानी जाती है। एक तीसरी व्युत्पत्ति 'पू' (पवित्र करना) से भी है। यह पिता को पवित्र करता है। वस्तुतः जैसा कि मोनियर विलियम्ज़ आदि ने संकेत किया है, इसकी व्युत्पत्ति सन्दिग्ध है।

पुत्रार्थी संस्कृत शब्द 'सूनु' अपेक्षाकृत पर्याप्त प्राचीन है। इसका सम्बन्ध 'सू' (पैदा होना) धातु से माना जाता है। अर्थात् 'सूनु वह जो पैदा हो। अंग्रेज़ी son, अवेस्ता hunu, लिथुवानियन sunus, स्लाव synu, गोथिक sunus, ऐंग्लो-सैक्सन sunu, जर्मन sohn, डच zoon तथा प्राचीन नार्स sunu आदि यही हैं। वैदिक साहित्य में पाया जानेवाला पतोहू का वाचक 'स्नुषा' का सम्बन्ध भी कुछ लोगों के अनुसार 'सूनु' से ही है। कुछ लोग इसका सम्बन्ध 'स्नु' (टपकना) धातु से भी मानते हैं, अर्थात् पतोहू या स्नुषा वह है जो अचानक परिवार में आ टपके। बात भी सही है। यों आश्चर्य है कि अचानक टपककर भी पतोहू शीघ्र ही परिवार का अन्तरंग बन जाती है। यही स्नुषा शब्द वर्तमान पंजाबी में 'नू' रूप में मिलता है। 'स्नुषा' शब्द 'सूनु' की भाँति पर्याप्त पुराना है। लैटिन snurus, स्लाव snucha, ऐंग्लो-सैक्सन snoru, जर्मन snura, schnur, ग्रीक nuos आदि इसी से सम्बद्ध हैं। हिन्दी 'पतोहू' शब्द संस्कृत 'पुत्रवधू' का विकसित रूप है।

दुहिता—माता और पिता की भाँति ही 'दुहिता' शब्द भी बहुत पुराना

है। अवेस्ता दुध् दर, फ़ारसी दुख़्तर, ग्रीक thygater, जर्मन tochter, अंग्रेज़ी daughter, गोथिक dauchter, लिथुवानियन dukter तथा स्लाव dushti आदि इसी से सम्बद्ध हैं। भारतीय पंडितों ने इसकी व्युत्पत्ति के सम्बन्ध में तरह-तरह के अनुमान लगाये हैं। यास्क अपने निरुक्त में 'दूरे हिता भवति' कहकर यह कहना चाहते हैं कि 'दुहिता' वह है जिसके अधिक-से-अधिक दूर जाने में हित हो। अर्थात् यदि लड़की का विवाह समीप होगा तो हर समय उसे कुछ-न-कुछ देना पड़ेगा, अत: उसे दूर-से दूर विवाहित करने में ही अपना हित है। हिन्दू घर में अत्यन्त प्राचीन काल से लड़के का जन्म शुभ तथा लड़की का जन्म अशुभ-जैसा माना जाता रहा है। इसीलिए कुछ लोग 'दुहिता' का सम्बन्ध दह् (जलाना) से मानते हैं। अर्थात् लड़की परिवार या माता-पिता को जलानेवाली होती है। कुछ लोग 'दू' (दुखी करना) से इसका सम्बन्ध मानकर इसे 'दुःख देनेवाली' भी कहते हैं, या 'दुर् + हिता' अर्थात् 'अहित करनेवाली' मानते हैं। किन्तु इसकी अधिक वैज्ञानिक व्युत्पत्ति कदाचित् दुह, (दूहना) से है। प्राचीन भारोपीय परिवार में पुत्री का प्रमुख कार्य घर की गायें दुहना था, इसीलिए उसे दुहिता कहा गया। इस प्रकार दुहिता का मूलार्थ 'दूध दूहनेवाली' है।

भाई—'भाई' का सम्बन्ध संस्कृत भ्रातृ से है। यह अंग्रेज़ी Brother, अवेस्ता Bratar, जर्मन Bruder, फ्रेंच freve, लैटिन frater, लिथुवानियन Broterelis, स्लाव Bratru, गोथिक Brothar, ग्रीक phrater आदि से सम्बन्धित है। एक मत से इसका सम्बन्ध भ्राज् (चमकना) से है, अर्थात् भ्रातृ वह है जो चमके (भ्राज् + इष्णुच्)। इसकी दूसरी व्युत्पत्ति भृ (अधिकार करना, सहारा देना) से मानी जाती है। भाई या तो धन-सम्पत्ति बँटवा लेते हैं या सहारा देते हैं। इस व्युत्पत्ति में इन्हीं की ओर संकेत है। भतीजा (भ्रातृज), भतीजी (भ्रातृजा) और भावज या भौजाई (भ्रातृ-जाया) भी इसी से सम्बद्ध हैं।

बहिन— यह संस्कृत शब्द 'भगिनी' का विकास है। भगिनी की व्युत्पत्ति कुछ लोग 'भग' (ऐश्वर्य, सौभाग्य) से मानते हैं। भाई ही बहिन के लिए

ऐश्वर्य है। इस प्रकार 'भगिनी' का अर्थ 'ऐश्वर्यवाली' या 'सौभाग्यशालिनी' है। एक अन्य मत है—भंग यत्नः पित्रादितो द्रव्यादाने विद्यतेऽस्याः अर्थात् जो पिता आदि की सम्पत्ति की अधिकारिणी नहीं है। इसका आशय यह है कि अब, जब पिता की सम्पत्ति में पुत्री का भी अधिकार हो गया, वह इस नाम की अधिकारिणी नहीं है और उसे अभागिनी कहना चाहिए। बहनोई (भगिनीपति), भानजा (भागिनेय), भानजी (भागिनेयी) आदि का सम्बन्ध भी इसी से है। संस्कृत में भगिनी के लिए और पुराना शब्द 'स्वसा' है। सं. स्वसृ से ही जर्मन schwester, गोथिक swister, लिथुवानियन sesu, लैटिन soror, डच znster, अंग्रेज़ी sister, ग्रीक sor, आइसलैंडिक systir आदि सम्बद्ध हैं। इसकी व्युत्पत्ति संस्कृत पंडितों द्वारा सु + अस् + ऋन् से मानी गई है, किन्तु वस्तुतः यह शब्द इस दृष्टि से सन्दिग्ध है। कुछ लोग इसे सृ (सरकना) से भी मानते हैं।

ननद— ननद और भावज का कलह प्रसिद्ध है। भारतीय लोक-गीतों में इसके चित्र भरे पड़े हैं। ननद शब्द की व्युत्पत्ति इसी आधार पर पंडितों द्वारा दी गई है। वाचस्पत्य कोश आदि में कहा गया है 'न नन्दति कृतायामपि सेवायां न तुष्यति'। अन्यत्र भी 'न नन्दति सेवयापि न तुष्यति'। अर्थात् ननद वह है जो (भावज द्वारा) सेवा की जाने पर भी 'नन्द' या प्रसन्न न हो। असम्भव नहीं है कि सामान्यतः ननदों की इस प्रवृत्ति के ही कारण यह कुनाम पड़ गया हो। क्या महिला समाज के इस जागरण-युग में ननदें इस नाम का विरोध न करेंगी और अपने लिए कोई सुन्दर-सा नाम प्रस्तावित करेंगी? 'सुनद' नाम सम्भवतः अच्छा रहेगा!

देवर—'देवर' शब्द भी कम मनोरंजक नहीं है। महाभारत में पति के न रहने पर देवर से विवाह करने का आदेश दिया गया है—नारी तु पत्यभावे वै देवरं कुरते पतिम्। नारद, गौतम तथा मनु आदि के धर्मशास्त्रों में सन्तानार्थ 'देवर' से ही नियोग की आज्ञा है। इसी परम्परा में यास्क के अनुसार 'द्वितीयो वरो भवति' उद्धरणीय है, अर्थात् (भाभी का) दूसरा वर होने के कारण 'देवर'

कहलाता है। अन्य भाषाओं की तुलना में भी यह बात ठीक ज्ञात होती है। लैटिन में यह 'देवर' शब्द levir रूप में मिलता है और वहाँ भी इसका अर्थ 'पति का भाई' ही है। इसी levir से अंग्रेज़ी में levirate शब्द बना है, जिसका अर्थ है 'पुत्रहीन विधवा भाभी से देवर का ब्याह' या 'देवर-भाभी का ब्याह'। इस प्रकार देवर शब्द इस बात का साक्षी है कि प्राचीन काल में पति के मरने के बाद प्रायः देवर से विवाह कर दिया जाता था। आधुनिक काल में देवर-भाभी के मज़ाक़ भी सम्भवतः उसी परम्परा की कड़ी हैं। रूसी में देवर को 'देवार' कहते हैं।

ससुर—इसका सम्बन्ध संस्कृत शब्द श्वसुर से है। ग्रीक ekuros, लैटिन socer, लिथुवानियन Szeszuras, स्लाव svekru, गोथिक swaihra, जर्मन sweher, एंग्लो-सैक्सन sweor भी इसी से सम्बद्ध हैं। इसका आशय यह है कि यह शब्द पर्याप्त पुराना है और आर्य भारत में आने के पूर्व से इसका प्रयोग करते रहे हैं। इसका सम्बन्ध 'अश्' (फैलना) से माना जाता है। अर्थात् ससुर वह है जो अपने पुत्र और उसकी सन्तान तथा अपनी पुत्री और उसकी सन्तान रूप में संसार में फैले।

सास—इसका सम्बन्ध संस्कृत श्वश्रू से है। इसका शाब्दिक अर्थ है। 'श्वसुर का'। लैटिन socrus, स्लाव svekry, एंग्लो-सैक्सन swegen, जर्मन swiger आदि का सम्बन्ध इसी से है।

जामाता—हिन्दी 'जमाई' जामातृ से सम्बद्ध है। निरुक्तकार यास्क के अनुसार 'जायां माति मिनोति मिमीते बा' अर्थात् दामाद वह है जो स्त्री से सन्तान पैदा करे। ऋग्वेद में तथा अन्यत्र भी इस शब्द का प्रयोग बहनोई या पति के अर्थ में हुआ है। ये भी सन्तान पैदा करते हैं, अतः इनके लिए भी यह शब्द उपयुक्त ही है। बाद में इस शब्द का प्रयोग 'दामाद' के लिए ही सीमित हो गया, क्योंकि कन्या सन्तानार्थ दामाद को ही दी जाती है।

तात—सम्बन्धबोधक शब्दों में 'तात' शब्द सबसे अधिक उर्वर है। मूलतः इसका अर्थ 'पिता' था। पंडितों के अनुसार इसकी व्युत्पत्ति है—तनोति

विस्तारयति गोत्रादिकम् (तन् + क्त) अर्थात् 'जो गोत्र या कुल का विस्तार करे।' मेरा अनुमान है कि यह व्युत्पत्ति कल्पना है, और यह शब्द बच्चों द्वारा अनायास उच्चरित ध्वनि 'ता-ता' से सम्बद्ध है तथा नर्सरी शब्द है। 'पिता' के प्रति आदर का भाव था ही, अतः आगे चलकर पितातुल्य और आदरणीय अन्य लोगों के लिए भी 'तात' शब्द का प्रयोग होने लगा। ताऊ (सं. तातगु = चाचा) इसी 'तात' से है, जिसे आकारान्त पुल्लिंग बनाकर 'ताया' भी कहते हैं। 'ताई' इसका स्त्रीलिंग है। 'त' ध्वनि कभी-कभी 'च' हो जाती है। इसी कारण 'तात' चाचा या चचा हो गया, जिसका स्त्रीलिंग चाची है। 'त' का द (धोषीकरण) भी हो जाता है। इसी तरह 'तात' का 'दादा', फिर स्त्रीलिंग 'दादी' हो गया है। दादा का प्रयोग 'आजा', 'पिता', 'ताया', 'बड़ा भाई' आदि के लिए होता है। 'दादी' का प्रयोग 'आजी' के लिए होता है। बड़े भाई के अर्थ में 'दादा' का स्त्रीलिंग 'दीदी' है जिसका अर्थ 'बड़ी बहिन' है। 'द' का 'ज' होने से यही 'दीदी' शब्द 'जीजी' बन गया है। 'जीजा' (बहनोई) शब्द इस जीजी का पुल्लिंग बनाया गया है। अंग्रेज़ी डैड, डा, डैडी, केल्टिक टाड, ब्रिटन टाड, टाट, ग्रीक ताता आदि भी इसी से सम्बद्ध हैं। 'तात' का प्रयोग संस्कृत में बड़ों और छोटों दोनों के लिए सम्बोधन के शब्द के रूप में भी होता रहा है। अंग्रेज़ी में 'अलविदा' के अर्थ में प्रयुक्त शब्द 'टाटा' भी उससे भिन्न नहीं है। यह पुराना सम्बोधन है जो अब 'अलविदा' हो गया है।